老HRD手把手系列丛书

老HRD
手把手教你
做企业文化

精进版

马松有 著

ORGANIZATIONAL
CULTURE

中国法制出版社

CHINA LEGAL PUBLISHING HOUSE

自序
企业文化三重门

企业文化不再是一个新鲜概念，已然成为当下比较热门的管理语境用词。

我们能看到和感受到，越来越多的企业家和HR从业者，对企业文化的关注程度日趋提升。只不过，在探索企业文化的实际路径中，有人初临山脚，有人望眼山巅，或心中热情四溢，或脚下困顿丛生。

我遇见过的一些企业家，有些对管理是迷茫的，对企业文化的观念尤其淡薄，他们常有的说辞是："日常受经营所累，受行业所困，企业没钱，还谈什么情怀或信仰？"似乎很多人也认为，小企业别谈企业文化，别谈发展，先谈生存。话是没错，道理却失之偏颇。对一个幼儿来讲，怎么能说行为习惯不重要？品德个性不重要？家庭教育不重要？同理，对一家企业而言，怎么能说员工素质不重要？企业形象不重要？组织氛围不重要？

企业文化一旦被忽略，对企业来讲，就如同关闭了一扇未来之门。

当然，我所看到的大部分企业和企业家，他们积极向上，对未来充满了期待。面临组织的困境，以及自身的困惑，他们在积极作为、主动行动，也试图把企业文化建设当作一把管理的钥匙，以此打开经营变革、转型发展的未来之门。

无论如何，相信的力量是无穷的。我很期待，这本全新的《**老HRD手把手教你做企业文化（精进版）**》，能帮助更多的企业家和HR从业者，更深入地认知和思考企业文化的本质，更快更好地找到适合自身的企业文化实践路径，推开一扇通向未来的大门，遇见更好的自己！

企业文化一重门：人治之门，以文化物

在企业文化语境里，我们不能绝对地认为"人治"就是贬义词，"人治"更多的象征意义是企业的一种管理境界。

中国人力资源界泰斗级人物彭剑锋指出，中国企业的组织能力短缺与不足有如下表现：

- 老板随意拍脑袋决策，企业只有个人智慧，没有群体智慧；
- 组织没有建立理性权威；
- 知识个人化，知识与经验难以积累与共享，最优实践不能有效复制；
- 组织内部不协同，山头林立；
- 总部不能为个人赋能，一线单打独斗，综合作战能力弱；
- 企业没有战略共识，价值观不统一，基于价值观的领导力短缺。

我们心目中的"人治"型组织状态是否如此呢？面对企业"人治"的状态，企业文化如何发挥作用？如何让企业文化发挥作用？

传统的儒家思想重视人治，但主张"为政在人"，法固然不可或缺，但强调执政者"其身正，不令而行；其身不正，虽令不从"。

此情此景，要跨过第一重"人治之门"，企业文化的最佳实践导向就应该以"人治"为焦点，将"仁治"作用于"人治"。比如，积极促进企业家和 HR 团队的管理认知、领导力认知、组织能力认知、企业文化生态圈的认知等；同时，立足"以人化物"的格局，积极开展基本的企业文化实践，如本书中提到的优化企业环境、企业形象、企业活动、企业福利，积极开展企业文化解码、企业文化行为标定、企业文化仪式化、企业文化传播等。

只要想跨过第一重门，企业文化就有了相信的力量。

企业文化二重门：法治之门，以文化事

在国家的宏观策略上，实施依法治国基本方略，建设社会主义法治国家，既是经济发展、社会进步的客观要求，也是巩固党的执政地位、确保国家长治久安的根本保障。在企业这个经济体里，"法治"与"人治"有相对性，但并不相斥相克。

华为创始人任正非说："一个人才到了华为，不受组织约束，个人凌驾于组织之上，就不算人才，可能还是个害才。个人必须遵守组织规则，受组织约束，

必须是管得住的，这样的人才才是企业真正的人才。"

海尔创始人张瑞敏说："企业家的神话是英雄主义，英雄主义靠创新和胆略引领前进，其本质还是人治。员工神话是制度文化主义，文化主义靠机制和体系规范前进，归根结底是法治。"

事实说明，华为的强大，不仅在于任正非的个人魄力，更在于其打造了一个强大的组织能力体系。集团创始人退居二线，也不意味着企业停滞不前，这就是组织的动力传承。

管理界有一项共识是，很多企业的失败，不是企业家个人能力的失败，而是组织能力的失败。所以，我们更愿意认为，"法治"的管理境界是相对于"人治"境界的进步，从"人治"到"法治"，意味着更为完善的制度、流程、标准、规范、权责体系……

在人力资源管理语境里，顶级HR的企业文化方法论，意味着用精英文化去选人，用敏捷文化去用人，用球队文化去育人，用联盟文化去留人。同时，以法藏术，法显术见，还要运用"发于心，出于形，得于体"的"三术修炼"之功。

要跨过第二重"法治之门"，则要立足"以文化事"的格局，打磨组织的学习机制和管理方法论，构建完善的制度流程体系和权责体系，让企业具有系统思考能力，让人和事有纪律约束机制，让组织充满创新能量，最大限度地打造"组织理性"。

跨过第二重门，企业文化就有了强大的系统。

企业文化三重门：心治之门，以文化人

观乎天文，以察时变；观乎人文，以化成天下。

在古人看来，心正而后身修，身修而后家齐，家齐而后国治，国治而后天下平。可见，修行先修身，修身先修心。

在一个公司里，员工不敢做坏事，是因为怕老板，那这家公司是"人治"；员工不能做坏事，是因为受制度约束没机会，那这家公司是"法治"；员工不愿意做坏事，是因为不想做坏事，甚至还会影响别人去做好事，那这家公司是

"心治"。

从"不敢"到"不能"，最终走向"不想"，是"人治"到"法治"再到"心治"的发展和跨越。从管理语境来看，企业管理的最终目的，是建立领先的战略管理体系和独特的文化管理体系。用企业文化的语言来说，所有的胜利，都是价值观的胜利。

企业在跨越第三重"心治之门"的历程中，应秉承"以文化人"的顶级信念，老板指方向，高层造氛围，中层抓落实，员工做结果，HR 树典型，用最美的企业文化情感，传递最美的企业文化价值，抑恶扬善，上下同欲，用伟大的使命、愿景、价值观，建立一个生生不息的企业文化能量场。

跨过第三重门，企业文化就有了一种美好的体验。

企业文化三重门，有递进的规律，却无相斥的必然，优秀的企业或文化往往是集大成者。北京大学国家发展研究院管理学教授杨壮曾将企业治理模式总结为三个方面：卓越领导者带来的人治，精细化制度带来的法治，信仰和价值观带来的心治。

我有一位从业 20 年的 HRVP（人力资源副总裁）朋友，在谈起个人工作理念时，他提出一句话：踏踏实实做事情，轰轰烈烈搞形式。后来我仔细想了想，"踏踏实实做事情"意味着工作中的专业和忠诚，体现的是职业素养和职业道德，而"轰轰烈烈搞形式"则表达了工作中一种必要的氛围和仪式感，这正是企业文化的重要手法啊！朋友的一句话，朴素地表达了一种管理相对论，道破了企业文化在管理实践中的玄妙之处。

对本书而言，从**"实操版"**到**"精进版"**，从**"问道"**到**"明道"**，从**"寻法"**到**"循法"**，从**"正术"**到**"优术"**，从**"善器"**到**"利器"**，从**"顺势"**到**"造势"**，经典的东方智慧从未改变，追求的初心和使命从未改变。对企业来说，我们并不是要打造"感觉不错""看上去不错""听起来不错"的企业文化，而是要打造创造经济价值、创造战略价值、创造社会价值的企业文化。概言之，我们不是为了文化而文化，而是为了企业而文化。

衣带渐宽终不悔，为伊消得人憔悴。在《老 HRD 手把手教你做企业文化

（实操版）》自序里，我提出了"企业文化三问"。在此，希望共同推开"企业文化三重门"，去跨越现实和理想间的鸿沟，走向光亮多彩的未来，让更多的美好发生。

在此，感谢中国法制出版社的潘孝莉老师、马春芳老师，感谢"老HRD手把手系列丛书"的伙伴战友，感谢支持我的家人和朋友，感谢奋斗在企业文化战线的HR同人，感谢每一位充满能量的平台伙伴。是各位的长期陪伴、信任和鼓励，才让我满怀信心出版本书。我也相信，本书更犀利的视角、更深沉的力量，更有利于企业文化工作的实践落地。

企业文化实践之路有最美的风景，这一切正在我们面前出现！

马松有

目 录
Contents

第 2 篇
循法——顶级 HR 的企业文化方法论

第3篇
优术——企业文化三术修炼

第 4 篇
利器——企业文化的穿透力

第5篇
造势——建立企业文化能量场

PART 1

第1篇

明道——激活企业文化生态圈

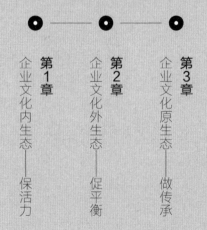

《大学》里有一句话："物有本末，事有终始。知所先后，则近道矣。"

企业文化是个生态圈，我们要明白个中道理，其基本法则是：企业文化并非可以快速复制或嫁接的，而是慢慢生长起来的。那在企业文化生长过程中，组织内环境的活力应该怎样？应该与组织外环境如何平衡？如何从社会组织或环境中汲取文化能量？我们依然要从生态视角考虑。

企业文化，以文化人。从这个本质概念去理解，所谓企业文化生态，就是组织生态环境中人与人的关系、状态、规律。人绕着文化转，企业文化绕着员工转，这是企业文化生态的客观存在。我们存在于一个企业组织中，也存在于一种企业文化生态中。

当雪崩来临的时候，没有一片雪花是无辜的。企业中每一个员工的行为，都是构建企业文化生态的一部分；我们创造美好的企业文化生态，同时也让自己受益。

对大部分企业而言，认知企业文化生态要义，激活企业文化生态圈，是企业文化生生不息的基本前提。

第1章

企业文化内生态——保活力

导语

　　稳定经济发展，需要扩大内需；文化生态建设，首先需要保持内部活力。2017年9月8日，中共中央、国务院印发了《关于营造企业家健康成长环境弘扬优秀企业家精神更好发挥企业家作用的意见》。不寻常的是，这是中央首次用文件聚焦企业家精神。从文件内容不难看出，"营造""环境""成长""企业家精神"都是关键词，深刻指明了党和国家的市场改革意识：全面深化改革就是要激发市场蕴藏的活力，市场活力来自人，特别是来自企业家，来自企业家精神。

　　不难理解，此举正是为了进一步激发中国企业发展的市场活力，也是营造良好企业发展生态的意见纲领。对任何一种生态来讲，其变革发展通常都是由内而外的，经济如此，企业如此，企业文化亦如此。

　　企业文化内生态的活力，不是单一的抽象概念，而是集老板的思想力、高层的领导力、中层的支撑力、员工的执行力、HR的影响力为一体。并且，各个层面的力量相辅相成，耦合力越强，生态活力越强，企业文化价值就越明显。

第1节 ┃ 老板指方向——思想力

"问渠那得清如许？为有源头活水来。"

企业从小到大，从战略定位到组织创新，都会形成集体决策机制，但都离不开老板个人对整体方向的牵引和指导，特别是企业文化，必须有老板的思想作为源泉。

亚布力中国企业家论坛曾经颁发过一个"中国最具思想力企业家"的奖项，马化腾、周鸿祎、任正非、雷军、郭广昌、王石等知名企业家悉数入围。诚然，他们是中国企业家的卓越代表，他们和自身企业一样名噪天下，他们的荣誉和成就相融相生。但不容否认，伟大的成就，来自伟大的创造，来自伟大的选择，来自伟大的思想。

时代选择了他们，皆因时代见证了他们的思想。任正非"一切资源终将枯竭，唯有文化生生不息"的人文情怀，雷军"专注、极致、口碑、快"的互联网七字诀，都闪耀着他们自身的人格魅力和思想光芒。进一步说，他们的思想力，也成为各自企业文化的特色。

因此可以说，企业家必须是思想家。任正非则说过："只有正确的假设，才有正确的思想；只有正确的思想，才有正确的方向；只有正确的方向，才有正确的理论；只有正确的理论，才有正确的战略。"

战略是一种选择力，组织是一种创新力，企业文化则是一种思想力。同时，老板的思想力要形成企业文化的方向感，就不能只停留在自我想象上，还要说出来，写出来，做出来。

1.老板的讲话：让员工明确方向

我们曾经认为任正非是一个非常低调的企业家，但从"孟晚舟事件"及"美国实体清单事件"之后，他开始高频出现在公众视野。关于低调，他在某次媒体圆桌会议上解释说："过去我在公司内部讲话非常多，因为我作为一个领导人，怎么领导？就是讲话。只是过去的讲话不面对媒体。"

不难看出，用讲话去领导，念念不忘，必有回响。企业文化是要写出来、挂出来的，但首先是要讲出来的。对于 HR 来说，除善于利用公司各级会议沟通机制外，还要主动给老板创造各种演讲的场景，积极搭建企业文化理念传播路径。

2.老板的思想：让员工坚定方向

有些老板既善于演讲，也善于写作，这样的公司很容易形成企业文化理念体系，也便于提炼和传播。但很多企业老板只擅长其一，或者能讲，或者能写。

在这样的情况下，HR 的企业文化价值就体现了出来：一方面要勤于收集、整理老板的演讲稿和讲话精神；另一方面要多场景地去宣传、贯彻老板的思想理念。假以时日，企业文化就不会有"万事俱备只欠东风"的尴尬，HR 也不会有"巧妇难为无米之炊"的悻然。企业文化体系背后，往往有一个能说会道的老板，还有一名勤学苦练的 HR 写手。把老板的思想提炼出来、宣传出来，更能让大家坚定信念。

3.老板的意志：让员工相信方向

组织心理和管理学教授埃德加·沙因在《组织文化与领导力》中提到过，文化的本质存在于一些潜在的基本假设上。那么，从员工角度去理解，组织的意志体现，特别是老板在奖罚问题的导向方面，就意味着基本的组织假设。老板奖罚了谁，奖罚了什么，因为什么，惊不惊讶，都被放大成企业文化的意志。除了说教和宣传，那些看得见的奖罚导向，更能让员工深信不疑。

在一家企业里，老板无疑是"头脑"。头脑最厉害的作用是什么？就是思想。老板的思想，决定着企业的思想；企业的思想，创造着企业的未来。企业发展的背后，就是企业思想的作用，也是老板思想力的作用。

对企业经营来讲，老板的思想力是一个导航器；对员工行为来讲，老板的思想力是一个指南针；对企业文化来讲，老板的思想力是一个方向盘。

说得极致一点，老板对企业生存发展的唯一任务，就是定战略、指方向，对企业文化、意识形态、员工行为的影响来说，也概莫能外。

第2节 | **高层造氛围——领导力**

家庭氛围影响孩子的成长和成才，组织氛围则影响企业的绩效和文化。家庭氛围主要是由孩子父母营造的，组织氛围主要是由高层管理人员营造的。对企业高管来讲，必须承接营造氛围的顶层设计，这也是一种领导力的体现。

在员工眼里，老板或一把手代表着经营决策层和企业所有者，而高级管理人员则代表着权力控制层和团队领导者。那么，领导力意味着什么呢？不同的领导力专家给出过不同的领导力模型。

领导力专家沃伦·本尼斯认为，组织领导者所特有的能力范围和待人技巧有4种：通过愿景唤起专注；通过沟通赋予意义；通过定位取得信任；通过自重和沃伦达因素实现自我调整。另一位领导力大师约翰·麦克斯韦尔则认为，领导力从低到高有5个层次：职位（权力）、认同（关系）、生产（成果）、个人发展（复制）、领袖特质（尊敬）。

现实中，在老板眼里，优秀的领导者拥有优秀的专业能力、人际关系、创造能力、决策能力及廉洁诚信的品格。在员工眼里，好的领导拥有较好的专业度、包容度、授权度和人格魅力影响。极致的情况是，老板对好领导的评判只剩下廉洁诚信的品格，员工心目中的好领导只关乎其人格魅力影响。再极致简约地说，优秀的领导者，都是营造组织氛围的高手。

1. "肯定"要多于"否定"

在民主的家庭氛围里成长的孩子，往往会更加自信。同样，在公司里，无论是基层员工还是中层干部，在批判的气氛下，没有人会比在肯定的气氛下更甘心卖力、更有绩效。当然，这不是让领导者搞得"一团和气""是非不分"，而是尽可能地表达出"肯定"的语气。要么，一分为二地去说，批评一些行为，肯定一些行为，对事不对人，不去胡乱贴标签；要么，肯定的话公开说、多说，批评的话私下说、少说。

2. "感性" 要出于 "理性"

有些企业扬言打造 "家文化"，有些企业强调打造 "狼文化"。二者皆有可取之处，却又不可失之偏颇。企业不是家，因为企业要的是业绩和效益，同时有一大堆的管理规则。团队也不是狼群，因为同事之间总有温情和感动。企业文化既要有 "家文化" 的柔情，也要有 "狼文化" 的豪情，但又不能绝对地生搬硬套，搞得似是而非。无论公司大环境氛围如何，在一个领导者的管辖范围内，必不可少地要营造 "有人情味儿" 的氛围，偶尔用 "感性" 去对待他人，或者，在 "理性" 的基础上 "感性" 地去处理一些员工事件。

3. 绝对不能丢掉 "学习"

无论是一名员工，还是一个组织，最可怕的就是失去学习的动力，失去奋斗的精神。从老板的角度来看，希望各级团队的领导者，都能够运用适当的学习手段，激发员工的成长热情，从而使其以更饱满的状态创造价值，促进公司的可持续发展。所谓 "兵熊熊一个，将熊熊一窝"，不善于进步及不能营造学习氛围的 "将"，在老板眼里都是 "熊将"。

4. 永远不能忽略 "公平"

我们提到过公平理论在组织中的负面影响，这种影响根本挥之不去。领导者所能做的，就是尽量注重公平等式，让员工的付出与回报有相对一致性。大到薪酬的核定，小到福利的分配，都要考虑公平理论。说到底，只要有利益的地方，就要尽量体现出公平的氛围。同时，作为领导者自身，一定要先人后己，把自己的利益放在最后考虑，以免从根本上颠覆了员工的公平感。

5. "说笑" 也是管理方式

有些领导者，被员工在背后起不同的绰号作为谈资。有些领导者，员工可以在其面前谈笑风生。前一种领导往往是专制、严肃、死板的工作风格，后一种领导往往显得更平易近人、张弛有度。当然，领导与员工之间，必须有一定的距离，但总要允许员工在自己面前释放一定的本能表达。说笑时，共鸣而不放肆；批评时，真诚而不挖苦。给员工一定的空间，同时保持距离之美，即便不善于幽默，也得让彼此感觉轻松。工作之余，不定期地请下属和员工吃饭，也是一种基本的放松方式。

拿破仑说：一支军队的战斗力，四分之三是由士气构成的。中国则有句古训：天下难联者人心，难得者人才，难鼓者士气。其中"士气"二字，恰恰道出了氛围的重要性。

某调查机构的职场调查报告显示，职场人想"裸辞"的原因中，诸如"和领导价值观不同""工作环境差""同事关系不和睦"等组织氛围因素占比约46.3%。不容否认，部分领导者心胸狭窄、唯利是图、结党营私，都是组织氛围的污染源。

判断一个领导者是否有营造氛围的领导力，可以从以下10个方面观察：

- 是否善用愿景去激励、鼓舞团队？
- 是否会主动包容而不刻意打击下属的缺点？
- 是否在利益面前先考虑他人再考虑自己？
- 是否清楚员工的家庭和个人情况？
- 是否能够表扬和批评并重？
- 是否具备专业度或成熟的管理哲学？
- 是否能够基于当前事件预见未来？
- 是否经常和下属团建互动？
- 是否乐学不厌并影响他人？
- 是否有上级和员工的口碑？

氛围随处可及，沟通聊天是营造氛围，培训学习是营造氛围，请客吃饭也是营造氛围。有了组织氛围，才有员工活力，能搞定氛围，就能搞定团队。HR更要成为一个能营造氛围的"领导者"，这对组织和自我发展更具管理意义。

第3节 | 中层抓落实——支撑力

老板指了路子（方向），高层定了调子（氛围），中层就得挑起担子（落实）。在组织里，中层可谓"顶天立地"，既是战略落地的连接点，也是目标达成的支撑点。管理界和企业界有一种共识是，中层是组织的"腰"，中层也是领导的"腿"。"腰"不在状态，组织就会痛苦不堪；"腿"不在状态，领导就会疲惫不堪。从组织管理角度看，做一名好的中层，就是抓好落实，做好支撑。

从企业文化内生态来说，老板培育了思想的种苗，高层营造了氛围的土壤，那么中层就得保障各类"花草树木"生态物的茁壮成长。同时，中层不但要建设文化生态，还要成为生态活力的一部分。需要说明的是，所有的行为都是从念头开始的，中层的支撑力首先要落实在意识形态上。

1.学老板的格局

老板坐拥公司的金字塔顶，也是组织信息的集大成者。所以，老板是最想让公司发展更高、更快、更强的人，也是最清楚公司有哪些问题和资源的人。换句话说，老板就是公司里最有格局的人。作为一名中层人员或管理干部，对老板的格局要用心记录、细细体味、认真学习，不要轻易怀疑老板的思维和能力。如果老板的格局不足，怎么会有公司既往的成就和成功？在汇报或请示工作的时候，如果根本不理解老板的格局，就很难走到老板心里，也就意味着很难获得重用。老板的格局在哪里？从哪里学？就从老板的思想里学！凡是和老板讲话精神有关的经典片段，甚或是日常会议的只言片语，都藏着老板的思想，藏着老板的格局。

2.看领导的立场

站得高，要看得远；站得远，要看得高。中层干部是否具有卓越的组织意识，意味着是否具备良好的政治敏锐性，这决定着其能否深刻理解企业文化生态建设，能否成为文化活力的高效保障。中层干部要学老板的格局，还要看领导的立场。正如范仲淹所言："居庙堂之高则忧其民，处江湖之远则忧其君。"一个集团总部的中层，要有全国区域的管理格局；一个子公司的中层，也要有集团利益的协同立场。或者说，中层干部要先看清直接领导的立场，再看懂上级领导甚至老板的立场，然后付诸行动，认真落实，这不仅是中层干部应有的意识形态，更是职场升迁的不二法宝。

3. 谋公司的利益

如果说公司是一个利益共同体，在老板的利益格局中，公司就是一切，一切资源利益都是公司的。中层干部看清了领导的立场，但不见得就要去站领导的队伍。特别是在重大事件面前、在重大利益面前，唯一的底线就是老板，唯一的底线就是公司的利益。为公司谋求利益，为公司坚守利益，不撬公司的业务，不动老板的奶酪，是职场江湖中的利益红线，是中层和高层干部的立身之本。在笔者20年的职业生涯中，目睹过身边的一些中高层干部，因为突破了底线，失去了发展平台，甚至影响其一生的职业发展。在公司利益面前，考验的是思想，挑战的是价值观。在企业文化建设中，干部队伍风清气正的生态活力，其实也是一种长治久安的发展红利。

4. 拔团队的标准

"能者进而由之，使无所德；不能者退而休之，亦莫敢愠"，千百年来的用人标准，成了企业通用的干部管理机制。中层干部基本是从基层提拔而来，经历了基层工作的历练，并且因为表现出众才获得晋升。为什么有些中层干部数年得不到提拔，职业生涯就此踏步了呢？彼得原理指出，组织中的成员最终都被提拔到一个其不可胜任的岗位。这就意味着，如果不能突破自己，就只能被自己困住。从"不能"到"能"，进也；从"能"到"不能"，退也。粗浅地理解，就是从平凡走向了平庸，就失去了立足之地。想从中层晋升高层，就要突破现有的能力，提升现有的格局。团队发展的实际路径中，大多数情况是由内而外找标杆，由外而内定标准，小企业学习大企业，百亿企业对标千亿企业。企业文化建设也是如此，多研究优秀企业，多探索先进做法，立上标杆，拔高标准，让团队和自己向更高的水平精进跃迁。

5. 推工作的方法

管理的一般定义是，通过实施计划、组织、领导、协调、控制等职能来协调他人的活动，使别人同自己一起实现既定目标的活动过程。回到实际工作中，老板如何看待干部的管理水平呢？老板又如何评价 HR 的工作效果呢？有一个基本的评价标准是，不论是对各级管理者，还是对 HR 部门，老板都会思考其下属团队氛围怎么样，工作的方法效率怎么样。不论是目标管理、会议管理还是人力资源管理，都需要有"方法论"，都要有好的实施效果，更重要的是，能够影响更多的团队，让更多的员工运用并受益，从而让公司发展受益。中层干部的出路，就在于思路、在于方法论、在于标准化能力。大家想想，我们的企业文化工作，并不是搞几句标语口号、搞一本刊物那么简单，而是用一种结构化思维、一种系统方法论，去建立全新的企业文化生态格局。

很多人说中层不好干，因为中层的难处，恰恰在于其身处中层。也正是如此，抓落实、做支撑，才是中层管理干部的基本使命。在现实职场中，达成使命的中层方能出人头地，否则只能在原地煎熬。在此，我们无意过多地探讨职场的生存法则，但思想意识上的共鸣，是企业文化生态建设的首要基础。

不论是从企业文化的角度，还是从组织管理的角度而言，如果你身居中层，也不妨思考一下，自己是否能够做一个真正落实"支撑力"的中层？管理大师德鲁克有一个"经典三问"，在此不妨给中层干部和 HR 伙伴们留下一个"经典五问"：

- 这个问题存在多久了？
- 你是否知道这个问题一直存在？
- 你觉得这个问题对公司的影响是否重要？
- 你觉得这个问题对自己的影响是否重要？
- 你为什么一直没有想着去解决？

第4节 丨 员工做结果——执行力

没有执行，一切都是空谈。但是，只谈执行，一切结果都可能发生。

大家有没有遇到过这样的情况？在推进某一个项目时，方案策划阶段能打100分，方案落实阶段能打50分，方案效果几乎只能打0分。或者，给某员工布置一项任务，要求张三完成，结果却是李四去做；预期他去南边，结果他跑到了北边；本来只要花费100元，结果却两次返工多花了200元。让人不禁感慨，理想和现实之间、计划和结果之间，犹如"卖家秀"和"买家秀"般差异巨大。这里的原因是什么？从执行的层面来看，关键还是人的问题，是执行人缺乏真正的执行力！无论作为管理者还是员工，以下几点都是职场执行力的参考点。

1.快速瞄准

真正的执行力，不是快速行动，而是"准确地"快速行动。在现实工作中，员工贻误时机的行为并不罕见，南辕北辙、张冠李戴的情形更是屡见不鲜。实际上，在我们要求员工"立即行动，快速执行"之后，员工总会表现出"不着急，等一等"，总是以为行动并没有那么重要。殊不知，有些事哪怕"有困难，没条件"，也需要"先开枪，再瞄准"，但要基于对管理意图的充分理解，基于对目标结果的准确判断，基于对资源配置的有效管控预期。在执行力的边界范围里，是可以边做边优化，在前进中调整姿态的。员工办事"开不了枪"，也不能快速瞄准，是构建执行力的首要挑战。

2.胆大心细

优秀员工做事，应该又快又好，但如果不能很快，那就要很稳。所谓的执行，就是一切按照计划推进，更要正确把握每一个行动标准。在某种意义上，标准比计划更有意义，计划比行动更有意义。比如，公司要快速推出一款产品，研发计划和设计标准是基本保障，然后是制造过程的标准控制，最后才能保障快速推出新产品。否则，没有标准、没有计划，生产出一款残次品，整个市场行动可能就是徒劳的。快速反应、胆大心细、做计划、控过程，这也是一种执行力标准。在我们身边，把事情"一次性做到位"的员工，是职场高手的基本表现，也是真正的执行力体现。

3.创造惊喜

能把事情一次性做到位的员工，一定能够赢得管理者的认可。但是，在把事情做到位的同时，还要考虑管理的审美疲劳，要适当或偶尔超出上级领导的预期，创造出更多惊喜。比如，给领导汇报工作，可以发邮件、发微信汇报，也可以去办公室当面汇报；用文字可以汇报，用图表数据也可以汇报；用日志可以汇报，用月度总结也可以汇报。但要想一想，是不是要多一些当面汇报，让领导感觉到你的存在和主动？是不是要多点图文并茂的汇报，让领导耳目一新？是不是要把报告装订成册，让领导感受到你的用心和职业素养？说到底，人无我有，人有我多，人多我好，人好我新。作为员工或下属，工作上积极响应，主动超越领导期望，努力创造惊喜，是一种非常难得的执行力。

4.艰苦破冰

在工作中，一定有这样的情况：面对一项任务或一个项目，面对意外的困难和挑战，在参与者几乎都要放弃，管理者也几乎不抱任何期望的情况下，有的员工却可以坚持到底，不抛弃、不放弃，想办法克服困难或创造条件，取得了意外惊喜，扭转了既有困局。这样的员工，令人欣喜和赞赏之余，也被视为极有执行力的一类。当然还有一种情况，有些员工资历并不深厚，才智并不出众，但就是态度积极，从不诉苦，从不言弃，这样的员工默默耕耘、艰苦破冰，笔者个人认为，这也是一种执行力的基本体现。这些员工的行为，效率上落后于前几种情况，但在精神上却有所超越。他们的信念也是当今时代所提倡的，他们是实干者，他们是奋斗者。

5.知行合一

有些管理者将执行力简单地理解为"服从力""行动力"，这是片面的认知。

执行力是一种思维优势、专业能力、职业素养，也是一种人生修炼。因为，执行力表达了员工的行动态度，呈现其能力意愿，验证其任务目标，体现其办事效果。对员工来讲，执行力在其身上最终体现出两个字：靠谱。

知乎上有一个关于"你有什么相见恨晚的知识想推荐给年轻人"的帖子曾引发热议，有一条回复极具现实职场意义，引用的是前盛大文学CEO侯小强的一段措辞："收到指令要回复，遇到困难要沟通，项目进展要按节点通报，安排要落实。这不是繁文缛节，这是一个公司的基本规范。要尽心尽力，说到做到，有始有终，积极主动，你才能成长，公司也才能成长。不要玻璃心，也不要有惰性，更不要骄横，有多少人，有才华，有志向，不约束自己，最终也不过暴殄天物。"

这段话的描述，就是员工执行力的终极体现，是一种职业化素养，是一种"知行合一"的人生态度。无论如何，身在职场，每个人都要积极行动，做出结果，创造价值，持续成长。

或许有人问，员工的执行力和企业文化生态有什么关系呢？从本质上讲，员工的有效执行力，意味着协同力和职业化，意味着有效的领导力，就意味着有序可控的组织秩序。你能想象一个经常不能完成任务的团队吗？能想象一个经常把事情搞砸的员工吗？这样的团队和员工造成了多少组织焦虑和管理成本？他们被贴上不靠谱标签的同时，也破坏了企业文化的生态基础。

我们提到过一种假设，企业文化的本质意义之一，是消除更多的组织焦虑，让个体更加有序。换句话说，没有执行力的组织，还处于野蛮的初级状态，还不足以营造出高级文明的生态。

第5节 | HR树典型——影响力

树立典型就是树立榜样。自古到今，榜样的力量都是无穷的。在企业文化生态中，典型人物的影响力同样历久弥坚。

从个人层面看，小时候期末考试时，我们最在意能不能拿到一张"三好学生"奖状；在职场中的年末评比时，我们很乐意获得"优秀员工""优秀干部"诸如此类的嘉奖；在事业职业圈层中，我们则满足于获得的"最佳××""××人物"等荣誉称号。生活不是个名利场，但我们却会对荣誉乐此不疲。在获得各种嘉奖荣誉时，我们都认为自己是优秀的、特殊的、典型的。

从企业层面看，从年初到岁末，也经历过大大小小的评比和表彰活动。从优秀员工、优秀新人，到优秀经理、优秀干部；从销售明星，到技术能手；从导师奖，到组织奖；从十佳工匠奖，到十年功勋奖；从创新奖，到特殊贡献奖；等等。不同行业，不同企业，设置了众多名目的荣誉奖项，都是为了表扬先进，激励先进，树立典型，影响大家。

从国家层面看，从部委到省市地方，各种表彰颁奖活动也是异彩纷呈。拿国家级的表彰活动来说，从"感动中国"年度人物颁奖，到全国道德模范表彰；从全国教育系统先进集体和先进个人表彰，到全国民族团结进步表彰；从"最美奋斗者"表彰，到"国家勋章""国家荣誉"表彰；等等。国家部委及领导人大力宣扬和积极参与，表彰先进个人、先进集体、各行各业的杰出代表，弘扬了新时代使命和社会主义核心价值观，对全国人民具有较强的鼓舞性和教育意义。

对HR从业者来说，作为企业文化生态建设的核心参与者，懂得了树立人物典型的基本意义，就懂得了标杆管理的先进意义，也就懂得了"让大家教育大家"的群众路线意义。但一般来讲，树立典型也不是将各种名目随意堆砌就万事大吉，必须把握基本要点，实现最大价值。

1. 基于战略使命

在企业组织里，企业战略体现了企业愿景。同时，愿景是领导力，使命是驱动力，也是企业文化的战略意义。企业团队要立标杆、树典型，势必体现战略导向，用使命感之驱动力去影响员工。华为创始人任正非曾亲自颁奖给号称"极化码（Polar 码）之父"的土耳其毕尔肯大学教授埃尔达尔·阿里坎（Erdal Arikan），以奖励其在 5G 研究领域的卓越贡献。此举也引来诸多媒体的公开报道，并评论任正非此举传递了华为的战略发展理念：重视基础研究，尊重科学专家，突破核心技术，打造创新生态。

2. 基于核心价值

这里所指的核心价值，是对核心价值观的映射。如果说愿景是领导力，使命是驱动力，核心价值观就是凝聚力。我们不难发现，党和国家实施的重大评比表彰活动中，如全国道德模范评选，其中设有"助人为乐模范""见义勇为模范""诚实守信模范""敬业奉献模范"等奖项，几乎都未脱离社会主义核心价值观"爱国、敬业、诚信、友善"的个人层面范畴。对企业来讲，树立典型当然也要基于核心价值观的表达，如一些企业年会上颁发的"科技创新奖""最佳责任奖""无私奉献奖"等，一定是围绕其"尽责""诚信""创新"等核心价值观而设置的。

3. 基于典型事件

历史是时间的函数，人生也是时间的函数。在人的一生中，在历史长河中，总有一些典型事件和人物令人铭记终生。也正是如此，典型事件中的典型人物，更显得意义非凡。在庆祝改革开放 40 周年大会上，100 名"改革先锋"称号获得者受到表彰。在抗战胜利 70 周年之际，习近平总书记向 30 名抗战老战士、老同志、抗战将领、为中国抗战胜利作出贡献的国际友人或其遗属代表颁发纪念章。在中华人民共和国成立 70 周年之际，中央宣传部等部门在全国范围内广泛开展"最美奋斗者"学习宣传活动，激励广大干部群众以"最美奋斗者"为榜样，将自身命运和国家前途紧密连接起来。在企业里，针对某些重点任务或项目，同样可以树立诸多典型人物。

4.基于典型环境

典型人物往往不能脱离典型环境，企业在不同的生命周期、不同的生存环境状态下，均可树立适当的典型人物。在全球5G技术生态环境中，华为公司为全球核心供应商设置了六大类奖项，包括"连续十年金牌供应商""金牌供应商""优秀质量奖""最佳协同奖""最佳交付奖""联合创新奖"。结合品牌形象需要，在五四运动100周年之际，碧桂园集团面向所有业主及合作伙伴评选表彰优秀青年代表，奖项名称也颇具时代创意：有爱青年（公益类）、硬核青年（专业技术类）、乐活青年（文娱运动类）、创享青年（创新发明类）、低碳青年（成本节约类）、传承青年（企业文化传播类）等。另外，有些企业如京东、阿里巴巴、万达等结合反腐树立的负面典型人物，也是一种基于典型环境的文化事件。

5.基于群众路线

河北省石家庄市文明办、市邮政管理局、市广播电视台、市快递行业协会曾联合苏宁易购、顺丰速运、韵达快递等11家快递企业，举办了一场"最红快递员颁奖盛典"，通过企业推荐的方式，进行社会大众微信评选，最终评选出31名优秀快递员，取得了一定的社会影响力。

对企业来讲，对HR来讲，很多工作要向社会组织学习，讲政治也讲民生，有理论更要联系实际。HR在树立典型人物时，一定要兼具一般性和特殊性，全面走群众路线，让大家教育大家。

本章小结

现代管理学之父彼得·德鲁克说过，企业是社会的器官。企业和社会的关系，如同家庭与国家的关系。家是最小国，国是最大家，企业也是一个小社会。基于这个认知，我们坚信企业文化是一个生态圈，不能割裂对待。

我们存在于一个企业组织中，也存在于一种企业文化生态中。但内因决定外因，要先解决内部矛盾，企业文化生态建设，首先应该注重内部生态建设。

企业文化内部生态活力从哪里来呢？在笔者20年的职业生涯中，曾接触过不同行业、不同企业的HR从业者，了解过不同职务层级的管理者和领导者。基于一种现实主义和理想主义，笔者形成了一个初步结论：企业文化的内生态活力，必须集老板的思想力、高层的领导力、中层的支撑力、员工的执行力、HR的影响力为一体，各个部分相辅相成，合力强，生态活力就强，企业文化的价值就大。

现实是，很多企业并不具备有效的秩序。理想是，作为HR或管理者，必须有一种管理动能，积极营造能够"降低焦虑感、增加安全感"的优秀企业文化，和企业战略、组织团队形成稳固的"金三角"，促进企业的持续有效经营。毋庸置疑，这是企业文化建设的基本意义。

说到底，在企业文化内生态中，从老板、高层，到中层、员工、HR，没有一个人是无辜或无关的。同时，还要强调两个观点：一个观点是，初级野蛮的个体状态不足以支持高级文明的组织文化生态；另一个观点是，上下同欲者胜。

第2章

企业文化外生态——促平衡

导语

一个企业组织，由内而外发生价值传递，进行价值交换，才有了存在的意义。当今的企业经营逻辑，正逐步从产业分工演变为价值链分工，并且其内部价值链与外部价值链也开始重构，相融相生。

事情的发展总是内外因共同作用的结果。企业的发展，内部依赖于管理机制，外部又受制于政策环境。企业文化生态建设，依赖于内生态的活力，也依赖于外生态的生机，通过外生态与内生态的平衡，才能实现最优的生态表现。

身体要外养内生，品性要内外兼修，思想要内圣外王。企业组织一样要内外平衡地发展，企业文化要内外平衡地实践。如果说，企业文化内生态要基于老板、高层、中层、员工、HR去保持活力，那么，企业文化外生态就要基于客户、产品、服务、相关方、社会环境去实现互动，促进平衡。通过内外部的互动和平衡，企业文化生态建设才不会孤立、片面甚至极端偏执。

第1节 | 客户导向的企业文化

彼得·德鲁克说过，企业存在的唯一目的就是创造顾客。换句话说，企业的目的不是创造利润，而是顾客创造了利润。不知各位是否发现这样的现象：很多企业原来热衷于标榜"以人为本""员工第一、客户第二、股东第三"等经营理念，近些年来更乐意提倡"以奋斗者为本""客户第一、员工第二、股东第三"。仔细品味一下，原来的管理逻辑是"公司满足员工，员工满足客户，客户满足公司"，现在的逻辑是"员工创造价值，客户回报价值，公司分配价值"，其潜在假设由原来的"员工期望论"变成了"价值创造论"。笔者个人认为，这里有老板心态的务实性变化，也有企业环境的竞争性变化。

笔者十分认同的是，企业一定要满足客户、创造客户、回报客户，要表达一种客户导向的企业文化。那么，企业文化也要为满足客户而存在。

1.理念平衡：满足客户的购买需求

满足客户的购买需求是指什么？就是满足其购买价值，对得起客户做出的选择和付出的金钱。笔者认为，满足客户的购买需求，首先就要把客户挂在嘴上，在企业文化理念中表达出来。比如，龙湖地产提倡以"善待你一生"为企业使命，并把"客户至上原则"作为"企业文化十大原则"之首。细细品味，很多人买房子耗费了一生的积蓄或是购置了一生中最重要的资产，龙湖地产"善待你一生"的理念，让购买者感受到一种诚意，拉近了心理距离。

以满足客户的购买需求为出发点，让全体员工树立客户意识，视产品为价值载体，通过各种营销渠道传递企业文化理念，就是一种客户导向的企业文化。

2.行为平衡：满足客户的权利需求

对客户的理念表达能否转化为实际行动，就成了好公司和坏公司的分界线，成了好文化和坏文化的水平尺。当前社会法治环境日趋成熟，《消费者权益保护法》《民法典》都体现了消费者的权益条件，体现了客户的权利需求。众所周知，在房地产行业，业主维权现象屡见不鲜，其中不乏知名房企涉事，似乎真应了"不被维权的地产商才是好老板"的尴尬。究其原因，是开发商违约在先，没有满足业主的购买需求，如延迟交房、使用临时电、不能集中供暖、各种质量问题等，在解决问题时应付糊弄，甚至回应蛮横。这种行为直接破坏了业主的物权需求，打破了企业文化平衡，影响了企业品牌形象。

善于满足客户需求的企业，往往说到做到。万科物业公司在冬季主动给业主门把手装上织物锁套，胖东来超市在下雨天为露天自行车座系上塑料袋，海底捞火锅店给孕妇顾客送上防辐射的围裙。对客户好，不仅要挂在嘴上，更要落在实处，用具体行为去表达企业文化。

3.心理平衡：满足客户未被满足的需求

卖西瓜的，为何搭配个勺子？卖篮球的，为何搭配个袋子？这些做法，是满足客户需求的聪明做法。客户的真正需求，是未被满足的需求。比如，客户买了一辆豪车，是出于出行的需求，出于出行背后的生活方式需求，也是出于带来心理满足的身份地位的需求。对商家来讲，不仅可以卖车，还可以卖VIP的汽车服务，可以提供专属身份的车主俱乐部，这些都能满足客户买车背后的需求。

出色的企业总是给客户带来惊喜，满足客户未被满足的需求。一家饭店开了外卖窗口，满足了客户吃饭背后的足不出户的需求；一个服装公司的量体裁衣业务，满足了客户穿衣背后的个性化需求和贴身需求；三只松鼠拟人化地称消费者为"主人"，提供的是一种客服文化，也提供了客户的一种心理满足。

客户总是有限的，需求却是无限的。从客户的购买需求、权利需求、心理需求出发，表达客户导向的企业文化，是一种基于经营本质的企业文化外生态建设。

第2节 | **产品导向的企业文化**

很多产品经理或企业广告称，我卖的不是产品，卖的是情怀。可是，脱离了产品，还谈什么情怀呢？有情怀的产品，才是企业文化内涵传递的必要条件。

理论上，实行产品导向的企业把生产同一品种、同一规格产品的企业视为竞争对手，如中石油和中石化，伊利和蒙牛；而不把生产不同品种、不同规格产品的企业视为竞争对手，如华为和比亚迪，格力和新飞。在供不应求的市场条件下，实行产品导向往往优于其他导向，在企业实力薄弱的条件下，产品导向也显得更为现实。很多小企业，正是靠产品本身逐步积累客户、赢得市场，最终做出了一番成就。

如果说客户导向重在满足客户需求，那么产品导向重在满足客户体验。以产品为本，背后的逻辑也是以客户为本。但一般来讲，客户导向可能会忽略产品本身，而产品导向的根本是在为客户着想。产品导向的企业文化，一般会表现出以下特征。

1. 卖点即文化

在产品导向下，产品本身就是卖点，产品的属性就是卖点。比如，来自河南的巴奴毛肚火锅，就与海底捞火锅形成鼎足之势，分店开到了北京、上海、苏州、西安等地。巴奴推崇"毛肚和菌汤"的品牌定位诉求，提出"深入原产地，精选好食材"的产品经营核心，如坚持用来自新西兰的毛肚，来自四川黄龙的天然红薯粉，来自云南的野山菌，来自锡林郭勒盟的羔羊。这些定位和诉求，构成了巴奴的"产品主义"，久而久之，就成了一种产品导向的企业文化特色。

有人说，产品导向本身是一种战略定位。笔者反而认为，这是商业社会最底层的人文精神。提出产品导向的企业，可能不打折、不促销、不加盟，在这种定位策略的背后是追求彻底的自我，说白了，也是一种匠心、一种情怀。

2.体验即文化

房子的户型、景观、物业，带来的是居住的幸福感；汽车的安全、节能、操控，带来的是驾驶的舒适感；食品的包装、口感、品质，带来的是味蕾的满足感。近些年，全国知名旅游地或景区推出的实景演出项目，就是为了让游客身临其境地去体验中国文化。很多文旅项目，也越来越重视游客的沉浸体验，通过场景、人物、历史、文化的充分融合，实现双方的价值交换。重视客户体验感的企业，都在表达一种基本的产品导向文化。

华为推出的搭载鸿蒙系统的第一款产品——荣耀智慧屏，除了价格亲民之外，吸引大众目光的竟然是"开机无广告"设计，不得不说，这才是真正的消费者体验至上！相反，那些体验不好的同类产品或服务，要么缺乏基本的质量可靠性，要么缺乏洞察人性的策划设计，都会让消费者放弃重复购买的意向，最终失去市场地位。

3.情感即文化

其实，产品导向不是产品销售导向，而是产品价值导向。所谓的产品卖点也好，产品体验也好，产品导向能带给客户的价值，除了产品的市场价值、客户的购买价值，还包括了情感价值，即通过产品使客户产生愉悦等积极情感，从而使客户觉得从产品中获得了价值的那部分价值。比如，江小白、小米等品牌，都在不同程度上体现了情感价值。

不能否认，有的企业既重视客户导向，也重视产品导向。这样的企业，视产品为价值载体，视产品为情感载体，甚至将产品当作生活方式的载体。因此说，产品只是载体，通过卖产品，也可以卖情感、卖情怀、卖文化。

第3节 | **服务导向的企业文化**

在社会的大分工系统里，我们都需要服务他人，都需要被他人服务。服务不好的企业，人们不愿意再次埋单，甚至视其为垃圾品牌或垃圾文化。

如今，服务业已经成为电子信息时代的产业总称。为生活服务，为生产服务，都是服务业的范畴。在企业里，设置专门的客户服务部门或岗位，几乎成了标配。

产品有形，服务无形。说到客户服务，小到一个接待微笑，大到一个客诉处理，都体现着服务的态度和格局。

在电视剧《人民的名义》中，光明区信访局低矮的办事窗口，最终惹怒了达康书记，孙连城"蹲立不能"的体验窘态，折射出了"为人民服务"的深刻内涵。

国务院总理李克强在十三届全国人大一次会议开幕会上强调，要深化"放管服"改革，深入推进"互联网+政务服务"，使更多事项在网上办理，必须到现场办的也要力争做到"只进一扇门""最多跑一次"。不得不说，这才是大国风范的服务新常态。

一个企业没有服务文化，就不可能有团队精神，就不会有爱岗敬业和无私奉献，更不会有良好的客户体验。对企业来说，服务导向的企业文化，本质是对服务文化的打造。

1.开放氛围的服务立场

服务文化是相互尊重的价值交换。领导者和管理者要带头营造相互协作、相互尊重的工作氛围。在工作中，不能高高在上、咄咄逼人；在生活中，也不能让人无法靠近。在食堂排队打饭，在办公室拾掇茶桌，出差自己打车去机场，见面打招呼等行为都可以淡化职务头衔的等级感，都是平等人格的体现，也是自我服务的立场表达。

在实际的企业文化重塑中，许多企业推行称呼"去总化"措施，正是要打破权力导向的组织氛围，追求创新开放的价值创造。自由平等的氛围，更有利于服务文化的营造。

2.穿透价值观的服务信念

网络上流传着一份任正非会见索尼CEO吉田宪一郎的会谈纪要，这份纪要以吉田宪一郎发问任正非的视角，揭开了不少华为鲜为人知的故事，其中涉及华为的管理、创业之初的故事，甚至有一段任正非自曝精神崩溃的文字：

2006年，服务员们请我在西贝莜面村吃饭，我们坐在大厅，有很多内蒙古农村的姑娘在唱歌，我请她们来唱歌，一首歌3美元。

我看到她们那么兴奋、乐观，那么热爱生活，贫困的农民都想活下来，为什么我不想活下来？那一天，我流了很多眼泪，从此我再也没有想过要自杀。

那时，我们才把战略目标调整过来，华为几千人、几万人、十八万人一直聚焦在同一个"城墙口"冲锋，每年研发经费150亿—200亿美金，全世界没有一个上市公司愿意投入这么大笔钱到研发中。这个时候才萌生要为全人类服务的想法。

这个故事其实有两个视角：一个是饭店的热情服务感染了任正非，另一个是为他人服务的理念穿透了任正非的价值观。不得不说，任正非切身的体验穿透了灵魂，铸就了其"服务全人类"的伟大价值观。

3.极致释放的服务形式

并不是每个企业家都有穿透灵魂的体验，从而形成伟大的价值观。但是，服务不只是好的态度，也不只是积极的行为，更是一种能力和价值的体现。对企业来讲，服务态度可以培训，服务模式可以设计，服务价值可以奖励，服务人才可以塑造。

在餐饮服务业，海底捞的服务称得上极致，甚至被网友称为"变态级"

服务。其实，海底捞所有的服务项目都是我们的日常生活体验，但海底捞能够从头到尾地围绕每一位顾客，用尽各种形式，想你所想，做他可做，无条件，不设限。

在企业界，单纯卖产品的价值占比越来越小，而解决方案价值越来越大。碧桂园控股的物业服务管理公司干脆将名字简称为"碧桂园服务"（股份代号：6098.HK），2020年全年实现营业收入156亿元。华为也推出过一个由"费用更省心，服务倍贴心，互动传真心，维修更安心"四大活动组成的华为服务品牌日活动。

笔者更相信，服务导向绝不是简单的客户导向+产品导向，而是一种极致释放的情感能量！

第4节 | 口碑导向的企业文化

口碑，口碑，有口皆碑。

口碑好的企业，自然有一种好的企业文化基因或现象。当企业口碑崩塌的时候，一切都会随之崩塌，包括企业文化生态。

小米曾经提出的"专注、极致、口碑、快"互联网七字诀，成为真正的概念网红。神坛之下，蠢蠢欲动。一谈起商业模式，就少不了用颠覆论、风口论、爆品论、平台论、饥饿营销、互联网思维等热点词语轰炸一番。然而结果是一地鸡毛，成功的企业、成功的产品，仍然屈指可数。80%的流量资源，依然被20%的头部产品占用消耗。

小米看上去简单的"口碑营销"，为什么很多企业依然学不会？或许这些企业忽略了，在小米的法则里，除了"口碑"，还需要"专注""极致""快"。

先说口碑，企业积累口碑的目的是什么呢？第一，让用户尖叫，即用户觉得这个产品好得惊人；第二，要让用户买到以后愿意推荐给朋友，形成更大的商业价值。说到底，口碑导向是粉丝经济的商业模式要素，就是把用户当朋友，让用户参与，重视用户体验，积极改善产品和服务，然后才能形成用户口碑，实现营销传播价值最大化。

关于"专注""极致""快"，仍然要聚焦产品和客户本身。对产品专注，把体验做到极致，快速地响应客户服务。小米的"参与感三三法则"包括了两个方面。一是三个战略：做爆品，做粉丝，做自媒体；二是三个战术：开放参与节点，设计互动方式，扩散口碑事件。不难看出，小米不是单纯依靠口口相传，而是通过产品和客户互动，通过各种传播载体，形成了所谓的"口碑"和"参与感"。

移动互联网时代放大了人的能力（价值范围），也放大了人的需求（欲望水平）。但所谓的口碑，依然是超预期产生的结果。因此笔者想说，客户是中心，产品是基础，服务是关键，口碑是效果。虽然口碑是营销力、影响力、传播力，但基于客户导向、产品导向、服务导向，才可以形成口碑效应。

口碑可以有模式，但不应受控制。从用户的口碑、员工的口碑、相关方的口碑、社会大众的口碑，到管理制度的口碑、组织氛围的口碑、薪酬福利的口碑等，都是影响企业经营价值的一股力量，很难预估来自各方面的影响。我们需要做的，就是认真对待内外部用户，持续关注内外部形象，重视品牌和文化，用口碑导向去影响经营结果，用口碑导向去引导企业文化外在表现。

金杯银杯，不如客户的口碑。但要警惕，口碑是一种企业文化价值，没有人能永远站在风口之上，风口上的口碑不要也罢。

第5节 | 社会责任导向的企业文化

管理大师彼得·德鲁克提到过，企业是社会的器官。企业不是为它们自身而存在，而是为实现特定的社会目标而存在，为满足社会、社群及个人的特定需求而存在。

在本质上，企业作为经济组织，在正当谋利的同时，也创造了社会就业，为广大职工提供了经济和发展基础。那些具有优秀企业文化特质的组织，营造了氛围，维护了秩序，传递了正能量，创造了幸福感，更是功高一等。

2016年8月，支付宝公益板块推出"蚂蚁森林"计划，用户步行替代开车、在线缴纳水电煤费用、网络购票等行为节省的碳排放量，均被计算为"绿色能量"，用能量值在手机里领养一棵对应的树种，蚂蚁森林合作基金会就会在指定区域种下一棵真树，同时给用户颁发一张带有树苗编号的植树证书，以培养和激励用户的低碳环保行为，取得了良好的社会公益效果。

2018年以来，"CCTV国家品牌计划"在原有的付费广告之外做了一系列新的调整，如在二套部分时段免费替贫困县农产品做广告，为袁隆平、屠呦呦及航天工程等大国工程做形象宣传片等。央视推出的"国家品牌计划"，虽然也是品牌传播，但把社会效益放在了首位。

中国人民大学杨杜教授曾提出"三位一体"的中国企业家精神，即革命信仰精神（爱国敬业、遵纪守法、艰苦奋斗）、现代市场精神（创新发展、专注品质、追求卓越）和中国传统精神（履行责任、敢于担当、服务社会）的融合。其中的中国传统精神，就充分体现了企业和企业家的社会责任导向。

社会的企业，企业的社会，没有企业能够脱离社会环境。利己者必利他，利己者先利他。自利则生，利他则久。腾讯在成立21周年之际，宣布了企业文化3.0版本，将使命愿景定义为"用户为本，科技向善"，诠释为"一切以用户价值为依归，将社会责任融入产品与服务之中"，可谓是一种企业文化理念大融合。

社会责任导向是一种企业文化的外在表达，宁可观其行，不可信其言。下列做法都是企业履行社会责任的积极导向：

- 赈灾助残；
- 关爱慰问；
- 志愿者行动；
- 建立慈善基金；
- 建立公益平台；
- 捐赠教育事业；
- 设立专项社会责任基金；
- 筹建健康工程技术研究中心；
- 参与非物质文化遗产保护；
- 关注青少年成长；
- 关爱特殊病症患者；
- 免费服务老弱母婴；
- 解决公共卫生问题；
- 超低排放设备改造；
- 推广植树造林；
- 支持"三农"发展；
- 助力国家精准扶贫；
- 国际援助专项计划；
- 为职工子女解决入学问题；
- 为社会弱势群体捐款捐物；
- 其他有利于社会大众的积极举措。

案例智库　舍得的胖东来，硬核的胖东来

胖东来的故事我们既熟悉又陌生，有人将胖东来誉为"零售业中的海底捞"，也有人说胖东来是中国企业的一面旗帜。

在突如其来的新冠肺炎疫情期间，很多有担当的企业纷纷对武汉进行捐款，如阿里巴巴、腾讯、百度、字节跳动、招商银行等知名企业。但是没有想到的是，胖东来创始人于东来宣布捐款5000万元，接着又承诺：疫情期间，蔬菜按成本价销售；疫情期间不营业的部门员工，发放基本生活工资；参与抗击疫情，造成牺牲的工作人员，只要公司存在，发放至少200万元的补偿金。

据了解，2008年汶川大地震，胖东来累计捐款820万元，在当年的中国连锁业会议上，创始人于东来被评为年度人物。2003年非典时期，胖东来捐款800万元。

在众多本土零售企业家中，于东来不是最有钱的，却是最"舍得"的、最"硬核"的，无怪乎"5000万元捐款"引来网友一片感慨，为有如此民族大义和责任感的企业点赞！

本章小结

企业组织是一个越来越开放的系统，意味着越来越开放的生态，从经营到管理到文化，由内而外地改变，由外而内地影响。

我们探讨关于客户、产品、服务、口碑、社会责任等企业文化导向，并不是在论证组织分工和市场营销，而是从经营的本质去探讨管理的价值和企业文化的意义。一名有出色价值的HR，更应体现出耦合企业经营管理本质的职业功底。

在客户、产品、服务、口碑、社会责任5个导向中，孰先孰后，孰轻孰重？笔者认为，所有的企业，都要从不同价值环节中坚持同样的导向：以顾客为关注焦点的初心，以社会为价值立场的使命。

企业文化内生态的活力，是企业文化外生态的张力；企业文化外生态的活力，是企业文化内生态的动力。企业文化内外生态的平衡，不是片面静止的，而是动态发展的，是相互促进的。君不见，管理界提出的"颠覆"人力资源部、"炸掉"人力资源部等言论，已经形成了"拆掉"人力资源部的事实，如华为和小米的做法，基于人力资源部独立出"干部部""组织部"。

在每个当下，我们的身体不是趋于健康，就是趋于疾病。组织也是如此，必须内外兼修，抵抗衰竭。企业文化的生态语境，必须基于企业管理，基于业务经营。我们有理由、有能力让组织更加健康，从而让每个个体也受益。

对HR伙伴们来说，要由内而外，更要由外而内，在平衡中修炼成一个高手。

第3章

企业文化原生态——做传承

导语

原生态文化是指没有被特殊雕琢，存在于民间原始的、散发着乡土气息的文化形态。原生态是一个大众文化的符号，原生态文化是一种逐渐被人们遗忘或者抛弃的民俗文化。

在此，我们基于文化去理解企业文化，基于组织生态去理解企业文化原生态。企业文化的原生态问题，就是企业组织中的个体与生俱来的文化符号，甚至是被忽略的原生文化。

狭义地讲，组织是一个由若干个人或群体所组成的、有共同目标和一定边界的社会实体。我们身处的企业，就是一个群体构成的营利性组织。现实中，组织形式越来越具有多样性，组织管理越来越具有复杂性，很多规模性企业成长为"生态型组织"，呈现出动态调整、自我修复、吐故纳新、不断进化的组织发展态势。

然而个体是多元结构，员工经历过哪些组织生态？寄托了哪些原生文化？本章中，我们将从家庭、学校、军队等组织形态去探讨企业文化的原生态属性，从民族文化、党建文化等文化形态去理解企业文化的原生态传承。

第1节 | **企业里的家庭文化**

家庭是每个人的原生组织，家庭文化是每个人经历的背景。我们的一生中会有两个家。一个是我们从小长大的家，有爸爸妈妈，还可能有兄弟姐妹；另一个是我们长大以后，因为婚姻组成的那个家。第一个家叫作原生家庭，第二个家叫作新生家庭。

每个人的身上，至少寄托了两种家庭文化符号。在企业组织里，员工越多，存在的家庭文化符号越多，这是一个非常复杂的文化原生态。因此，有效地理解、传承企业里的家庭文化，必定是对原生组织的文化传承，也是新生组织文化生态建设的重要组成部分。

1.营造"企业像家"的氛围

不少企业提倡"家文化"，有的企业把公司当作"家园"，把员工称作"家人"。从家庭的经济功能、教育功能、情感功能去理解，企业也提供了经济基础，提供了培养发展的条件，又能体现"有爱、有理解、有帮助、有关怀"的人文精神，毋庸置疑，企业好像一个家。或者说，企业里的家庭文化，首先是一种"企业像家"的融洽文化。

2.树立"企业不是家"的责任

不得不说，企业的根本是一个经济组织。家庭成员交往自由，感情亲密；企业成员交往有限，感情松散。传统的家庭层级、裙带关系带来责任感，能降低沟通成本，复杂的裙带关系则不利于公平发展和民主决策。所以说，家庭和企业总有相通的功能，却有不同的属性。

辩证地看，企业营造家庭氛围没有错，但为了大多数"家人"的生存和幸福，还是需要一定的规则进行兜底。务实地讲，有恩也有威，在融洽的氛围中，要建设"企业不是家"的责任文化。

3.倡导"企业当家"的格局

古语云："道德传家，十代以上，耕读传家次之，诗书传家又次之，富贵传家，不过三代。"《周易》有云："积善之家，必有余庆；积不善之家，必有余殃。"这里面体现的至高家庭文化，其实是"德与善"和"因与果"。

对一个企业来讲，要有"天下兴亡，匹夫有责""修身齐家治国平天下"的家国情怀；对一个员工来讲，也要有"家事国事天下事，事事关心"的情怀意志。娃哈哈就奉行"家"文化，但提倡通过照顾好员工这个"小家"，依靠全体员工的努力来发展企业这个"大家"，在凝聚"小家"和发展"大家"的基础上，竭尽全力履行社会责任，报效国家。这个从"小家"到"大家"的家文化，体现的是一种"把企业当家"的格局文化。

企业里的家庭文化，从文化理念方面讲，要像对待祖训、家训、家规、家教、家风一样去传承；从文化生态方面讲，汲取亘古绵延的原生态文化，不正是一种信仰的力量吗？

第2节 ┃ 企业里的学校文化

企业大学、内部导师、教练技术、学术交流、读书活动、家访活动等组织要素，都是学校文化的衍生品。好的企业就像一所学校，以人为本，以教育为本。这是因为，优秀的企业要么找来优秀的人才，要么培养出优秀的人才。换句话说，学校是企业的供应商，提供原木原石，企业则需要琢磨打造，设计实施再教育体系。

位于苏州工业园区的德胜洋楼有限公司被誉为"中国首家把农民工培养成高度文明的产业化工人的企业"，几乎每天都有来自全国各地的参观者交流学习德胜的管理体系和文化体系。由公司的规章制度、管理者讲话、员工文章汇编成的《德胜员工守则》，出版后成为畅销书，被誉为"中国企业的管理圣经"。这样的一家企业，其独特的管理语言和文化生态，源自有着教师背景的创始人聂圣哲先生。聂圣哲坚持认为：管理的灵魂是教育，优秀都是教出来的。

十年树木，百年树人；百年大计，教育为本。对个人来说，有在企业里进一步成长的需求；对企业而言，创造再教育体系，传承学校原生态文化，是一种至高的心治之道。

1.秉持君亲师之道

"天地君亲师"是中国传统社会中重要的道德伦理，体现出人们"敬天法祖、孝亲顺长、忠君爱国、尊师重教"的价值取向。在企业，特别是企业家和领导层，需要注重"君亲师"的角色认知和氛围营造。所谓"君道"，就是领导者要发挥带头作用，任何事情都要主动做好，以身示范；所谓"亲道"，要以父母爱护子女之心，呵护所有员工；所谓"师道"，即从自身做起，做好榜样，用教化之心认真教导下属。爱人者，人恒爱之。持有君亲师之道，怀有善心德行，爱护员工，栽培员工，收获的不仅是感恩的团队，也是一种高能文化生态。

2.把企业变成大学

越来越多的企业将培训中心变成了企业大学，而大学之道，在明明德，在亲民，在止于至善。那企业大学为什么而存在呢？是企业办大学？还是企业变大学？

企业家必须把80%的命令变成培训，但企业的大学，绝不只是培训和说教，而是聚焦战略，传承文化，发展组织。海尔大学以成为海尔员工思想锻造的熔炉和能力提升的黄埔军校为出发点，立志做中国企业界的"哈佛大学"，主张从学习影响到商业影响，体现了创客文化和平台文化。华为大学则围绕三件事情去开展业务：传承文化、提升能力、萃取知识资产。同时，任正非希望华为大学能变成"将军的摇篮"。

企业变大学，要变成学习型组织，要变成教育型组织，变成有教育灵魂的企业大学。

3.全员价值观改造

彼得·德鲁克指出，管理并不是从工厂开始的，也不是从办公室开始的，而是从你自身开始的。这里有一个潜在的假设是，组织不可能比自己还好，因为每一个员工的高度决定了企业的高度。所以有一种现象，即顶尖公司里的员工，有很多来自顶尖的学校，优秀的公司和优秀的人才彼此吸引、相互成就。

员工的思想和组织的思想，也是彼此影响、相互改造的。所以企业文化的普适性功能，是把每一个员工唤醒，让员工自觉自律，从而让管理轻松有效，让组织健康长久。

关于前文提到的德胜洋楼，杨壮教授曾将其治理模式总结为三个方面：卓越的领导者带来的人治，精细化制度带来的法治，信仰和价值观带来的心治。那么，对大多数企业来讲，用原生态的学校文化对员工思想进行价值观改造，才是管理之本、发展大计。

第3节 | 企业里的军队文化

彼得·德鲁克曾说："当大型企业首次出现时，能够模仿的唯一组织结构是军队。"

有一个数据经常被引用：在中国本土企业家队伍中，有军人背景的占30%以上，在珠江三角洲和长江三角洲经济发达地区，则高达60%以上。在美国，西点军校自"二战"以来培养了上千名董事长、5000多名总裁，远超哈佛商学院。

新希望集团董事长刘永好指出，公司的根文化就是"像军队、像学校、像家庭"。不难发现，很多公司将军队文化融入团队管理和战略管理，并将军队文化放在了首位。这是因为，商场如战场，军队作战与企业竞争，带兵打仗与团队管理，都有相似之处。

军队文化对企业的意义，不仅是军队中铁一般的组织纪律，重要的是，像军队一样打造集体意识，打造组织意志，打造上下同欲的企业文化。

1.谋略文化

在世界500强企业中，有近三分之一的企业都引入了军队的管理思想。

比如，沃尔玛采用了"农村包围城市"的市场扩张策略；在华为，任正非将"蓝军""红军""蓝血十杰""特种兵作战""打赢一线战争"等军事理论作为重要的经营管理思想；在小米生态链的创业中，雷军也运用了大量的军事理论，如精准打击、降维攻击、小站练兵、军团作战等。

《孙子兵法》曰：上兵伐谋。无论是企业创始人，还是企业高层领导，都应该有军事思维谋略，并融入领导力思维和团队管理。

2.目标文化

很多人看过《亮剑》《士兵突击》等军事题材的电视剧，也将其作为企业团队管理的学习教材。那么，什么是亮剑精神呢？什么又是突击精神呢？

很多人说是执行力，是令行禁止、说一不二、不抛弃、不放弃。没错，作为军人，这都是应有的精神和意志。但对组织来讲，这些执行力的文化、赢的文化、艰苦奋斗的文化，最终都是围绕经营管理而打造的目标文化。不少企业策划的誓师大会、冲刺大会，举行的授旗仪式、军令状签订仪式，都是在特定项目或特定阶段体现的目标文化。

3.效率文化

美国西点军校的22条军规里，赫然写着：自动自发，无条件执行，没有任何借口。

对目标来讲，执行是效率，过程是效率，结果也是效率。电影《中国机长》中完成奇迹迫降的原型刘传健机长是一名退伍军人，从头到尾都体现了军人的素养和效率。效率不仅是快，更是稳、准、精、好，把事情一次性做对。因此说，组织效率的最高境界，不是又快又好，而是协同实现。就像华为的"红军、蓝军"，"红军"代表着现行的战略发展模式，"蓝军"代表主要竞争对手或创新型的战略发展模式，要唱反调，都发挥着自身的战略协同价值。

4.忠诚文化

很多企业领导喜欢聘用退伍军人，担任董事长司机、安全员、仓库管理员等职务。他们看重的不仅是军人的背景，更是军人的忠诚。很多退伍军人的简历中有这样一句话：退伍不褪色，退役不退志。这正是企业所希望的。不过要说明，企业里要打造的忠诚文化，不是服从文化，更不是仆人文化，而是尽责尽力、担当奉献的主人公精神。

5.体能文化

在普通人眼里，军人似乎无所不惧，无所不能，有刚强的意志，也有铁打的身体。在我们熟知的军人背景企业家中，如张瑞敏、王石、王健林、任正非等，几乎都有非同一般的创业意志和工作体能。

　　毋庸置疑的是，身体将是事业、团队、家庭的最后一道保障。在地产圈，诸如万科的"城市乐跑"活动，恒大的"万人运动会"活动，旭辉的"戈壁徒步挑战赛"活动，都是一种充满正能量的体能文化建设。

第4节 | 企业里的党建文化

越来越多的非公企业建立了党组织，并开展党的活动。笔者所在的一家上市公司，也是当地非公企业党建的领头羊，具有很强的示范和引领作用。对大大小小的企业来讲，非常有必要大力推进党建文化建设，也是对生产力、竞争力、凝聚力的打造。

有关资料显示，全国百强互联网企业普遍建立了党组织，党建文化丰富多彩。在华为，提倡的"以客户为中心、以奋斗者为本、长期坚持艰苦奋斗"的企业精神中，就体现了强烈的党建意识；在腾讯，安全管理团队直接由公司党委副书记挂帅，并且80%的成员是党员；在京东，"党旗飘在工位上"则成了公司党建的一大特色。

党的十九大报告中指出，要把基层党组织建设成为宣传党的主张、贯彻党的决定、领导基层治理、团结动员群众、推动改革发展的坚强战斗堡垒。可以认为，基层党组织推广党建文化，就是通过探索创新党建工作模式，在党的基层建设实践中不断总结，增强文化内涵，提升文化实效，用优秀的文化成果、先进的文化理念、生动的文化形式，促进党建元素彰显、党的声音传递，展现基层党建工作特色和活动，激发广大党员群众对党的深厚感情和干事创业热情。

习近平总书记指出，中国共产党人的初心和使命，就是为中国人民谋幸福，为中华民族谋复兴。这个初心和使命是激励中国共产党人不断前进的根本动力。"不忘初心，牢记使命""撸起袖子加油干""幸福都是奋斗出来的""我们都是追梦人"……很多习近平总书记的讲话主题成了激励全党全国人民的经典语录，增强了每个中国人的责任感和使命感。

对非公企业来讲，要充分用好党建文化的丰富元素。企业完全可以积极对标上级党组织的要求，坚定传递党和政府的声音，积极宣扬社会主义核心价值观，开展多样化主题教育，引导正确的舆论导向，营造向上向善的家国文化。

案例智库 圆方集团的党建成就

"伟大出自平凡，英雄来自人民。"

2020年4月30日，"五一"国际劳动节前夕，习近平总书记给郑州圆方集团全体职工回信，并向医务工作者、快递小哥、生产防疫物资的工人等全国各族劳动群众致以节日的问候，引起热烈的社会反响。

不为人熟知的圆方集团，创立于1994年5月，是一家集物业、家政、保安、保洁清洗、母婴护理、月嫂培训、劳务输出等为一体的大型民营企业集团公司，也是"河南省非公党建省级服务业标准化试点单位"。圆方集团董事长薛荣还曾获得"全国优秀党务工作者""百名优秀中国特色社会主义事业建设者"荣誉称号。在中华人民共和国成立70周年庆典活动中，薛荣还登上了"从严治党"的彩车，接受了习总书记和全国人民的检阅。

新冠肺炎疫情期间，圆方集团成立"党员突击队"，先后派出8支抗击疫情党员突击队，分赴中国人民解放军总医院（301医院）、湖北省十堰市人民医院发热门诊和隔离病房，跟随郑州大学第一附属医院援鄂医疗队奔赴武汉抗疫主战场。同时，利用"圆方文化圈"公众号和内部刊物等开展"全媒体"宣传，宣传上级精神、疫情防控形势、工作进展、员工先进事迹等。难能可贵的是，已经63岁的薛荣亲自带领集团党员突击队驰援了湖北十堰人民医院从事保洁工作。

据了解，圆方集团一直是本土非公企业党建示范单位，2002年成立党支部，2006年成立党委，下设21个党支部，71个党小组。圆方集团以"围绕发展抓党建，抓好党建促发展"的指导思想，创造浓厚的党建氛围，树立党建理念，打造先进的党建做法，为全国非公有制企业做好党建工作树立了典型、作出了表率。在圆方集团总部，还设立了初心厅、红色文化馆、基层党建展示馆、微党史国史馆、"抗疫情战新冠"展教馆、非公企业党建学院等宣教场所，全方位展示集团的党建文化和企业文化。

不难看出，圆方集团把党建当作经营策略的重要组成部分，让党的红色基因激活企业的活力因子，把党的组织和政治优势转化为企业发展优势，对提升企业生产力、竞争力、凝聚力、吸引力、品牌力有着积极的作用和意义。

习近平给郑州圆方集团全体职工的回信

郑州圆方集团全体职工：

你们好！新冠肺炎疫情发生后，你们在集团党委带领下，一直坚守保洁、物业等岗位，不少同志主动请战驰援武汉等地的医院，以实际行动为抗击疫情作出了贡献。大家辛苦了！

伟大出自平凡，英雄来自人民。面对这次突如其来的疫情，从一线医务人员到各个方面参与防控的人员，从环卫工人、快递小哥到生产防疫物资的工人，千千万万劳动群众在各自岗位上埋头苦干、默默奉献，汇聚起了战胜疫情的强大力量。希望广大劳动群众坚定信心、保持干劲，弘扬劳动精神，克服艰难险阻，在平凡岗位上续写不平凡的故事，用自己的辛勤劳动为疫情防控和经济社会发展贡献更多力量。

值此"五一"国际劳动节之际，我向你们、向全国各族劳动群众致以节日的问候！

习近平

2020 年 4 月 30 日

第5节 ｜ 企业里的民族文化

没有民族之本，就没有文化之源；没有文化之本，就没有民族之魂。求木之长者，必固其根本；欲流之远者，必浚其泉源。中华民族优秀传统文化是中华民族的精神命脉，是涵养社会主义核心价值观的重要源泉，是现代企业文化生态建设的原始秘境。

没有高度的文化自信，没有文化的繁荣兴盛，就没有中华民族的伟大复兴。

习近平总书记指出，一个国家、一个民族的强盛，总是以文化兴盛为支撑的，中华民族伟大复兴需要以中华文化发展繁荣为条件。文化兴则国运兴，文化强则民族强。民族与文化，社会与文化，民族与社会，社会与企业，都是互相滋养、互相赋能的生态圈层。

在苏州固锝的"幸福企业文化"生态中，提倡"家文化"，打造人文关怀计划，推广圣贤教育，传播真善美，促进环境保护，拓展慈善公益，各个模块、各项内容都散发着中华民族传统文化的丰富内涵。

在方太集团总部，专门建设"孔子堂"，全面推广儒家文化。在员工管理方面，没有狼性，没有末位淘汰，只有一个重要的文化落地抓手"五个一"，即立一个志、改一个过、读一本经、行一次孝、日行一善，努力实现员工的自我约束。它不否定西方文化，将中华优秀传统文化与现代企业先进的管理制度结合起来，这恰是对儒释道等中华文化的传承，是圣贤智慧的现代传承。顺理成章，"中学明道，西学优术，中西合璧，以道御术"就成了方太文化的核心。

彼得·德鲁克曾预言，21世纪的中国将与世界分享管理的奥秘，"管理者不同于技术和资本，不可能依赖进口。中国发展的核心问题，是要培养一批卓有成效的管理者。他们应该是中国自己培养的管理者，他们熟悉并了解自己的国家和人民，并深深根植于中国的文化、社会和环境中"。

伟大事业需要伟大精神，伟大精神铸就伟大梦想。从经营管理到企业文化建设，笔者一直都提倡"古为今用，西为中用；中学为体，西学为用"。我们必须充分学习民族文化巨匠，研读民族文化经典，传承民族文化智慧。用中华民族文化精粹，滋养我们的社会，滋养我们的家庭，滋养我们的企业，滋养我们的心灵。

本章小结

我们从哪里来，我们的文化就从哪里来。

最早的组织是血缘关系组成的氏族部落，这便是"家"的雏形，便是"家文化"的本源。我们受教育，学知识，练技能，通过学校、军队、企业等不同组织的赋能，才有了安身立命的基础。

我们有再大的本领，都离不开平台的支撑。企业的平台再牛，也是一个个员工、一股股力量铸就凝聚而成的。所以从某种角度来说，企业文化一定是基于组织假设的人文特色。企业要像家庭，要互敬互爱，相互关怀，要有融洽的生活氛围；企业要像学校，要培养发展，提升素养，要有浓郁的学习作风；企业要像军队，要步调一致，纪律严明，要有严格的组织管理意志。企业还要有家国情怀，要有敬天爱人的德行，要以党建文化、民族文化为企业文化生态，孜孜不倦地实践传承。

企业文化内生态，我们总结了企业文化的五种内在力量；企业文化外生态，我们概括了企业文化的五种外部导向；企业文化原生态，我们理解了企业文化依托的五种形式载体。

思想以立为本，重在建设。文化以兴为本，重在传承。文化之道，在于坚守正道，在于弘扬大道。基于理想现实主义的文化建设，就是文化自觉，就是文化自信。

企业文化亦虚亦实，多重聚焦，多元解构，这是优秀HR应有的道行。

PART 2

第2篇

循法——顶级 HR 的企业文化方法论

道法自然，法基于道，我们明白了道理，还要遵循方法。然而顶级的方法，却也藏在最本质的道理之中。做HR管理如此，做企业文化亦如此。

　　企业文化绕不开HR，HR也绕不开企业文化。美国密歇根大学罗斯商学院教授、人力资源领域的管理大师戴维·尤里奇曾指出，经济全球化、技术无边界、员工流动加剧，这些新时代的变化特征都要求HR具备新的胜任素质：可信任的实践者、文化的引导者、人才的管理者、组织的设计者、战略变革的设计者、日常工作的战术家、业务联盟。

　　HR要想成为优秀的文化引导者，必须通过HR的职能作用去推动文化塑造，并使得企业文化更具个性化。

　　HR要善于务实性创新，更需要一套顶级方法论，去承接企业文化建设的伟大使命。不管时代如何变化、技术如何创新、工具如何迭代，HR始终需要围绕"人和组织"的关系去做工作，通过"选人、用人、育人、留人"的管理逻辑去设计塑造企业文化，并让自身企业的文化变得不同。

第4章

用精英文化去选人

导语

找到人，选对人，是公司最初级的经营需求，也是老板终极的管理预期。

然而古人云："世有伯乐，然后有千里马。千里马常有，而伯乐不常有。"这句古训表达的是人才的可贵和难得，也是选人的重要性和复杂性。对于选人用人，中国自古有德才之辩：德才兼备称之为"圣人"，无德无才称之为"愚人"，德胜过才称之为"君子"，才胜过德称之为"小人"。一般来讲，公司都希望选用德才兼备的人才。老板眼里的精英人才，大抵有一些德才兼备的特质。

三个臭皮匠，顶个诸葛亮。所谓的精英文化，则是宁愿用一个诸葛亮，也不用三个臭皮匠。人才难得，轻视不得，耽误不得，用精英文化去选人，方可保持企业的创造力和战斗力。

第1节 ｜ **重视招聘的精英文化**

人对了，一切就对了。对HR团队来讲，出发点在哪里？突破口在哪里？

答案是招聘。HR要带着企业文化理念去选人，要通过招聘宣导企业文化，这些都是人才管理的初始命题。HR要把时间花在选人上，这是重视招聘的精英文化之长期法则。

1.花费大量时间去招聘

历史上，屡战屡败的刘备带着大将关羽、张飞"三顾茅庐"请诸葛亮出山，之后三分天下，成为中国人才史上最有名的佳话。现实中，公司管理层或HR团队，有多少耐心，又愿意花费多少时间在招聘人才上呢？

苹果公司需要极具创新能力的人才，创始人乔布斯就把大约四分之一的时间用于招募人才。谷歌公司也认为，招聘是最重要的工作，把时间花在招聘上永远都不会浪费。通用汽车公司前董事长斯隆则做出结论："如果我们不花四小时好好安排一个职位，找合适的人选来担任，以后就得花几百个小时来收拾这个烂摊子。"雷军则明确表示，在小米创办的第1年，他花了80%的时间来招人，几乎每天都在招人，他总结了一条重要的管理经验：找人不是三顾茅庐，要三十次顾茅庐。

2.投入顶级成本去招聘

招聘成本的投入，不仅仅是时间和精力，更是真金白银。从2002年启动的苏宁公司"1200工程"，每年最多可向全球招聘1万名应届高校毕业生，投入了大量人力、物力、财力。

华为对聘用的8名博士"天才"都给出了"百万年薪"。任正非2019年签发的总裁办电子邮件中写道："今年我们将从全世界招进20—30名天才少年，明年我们还想从世界范围招进200—300名。这些天才少年就像'泥鳅'一样，钻活我们的组织，激活我们的队伍……""华为公司要打赢未来的技术和商业战争，技术创新和商业创新双轮驱动是核心动力，创新就必须要有世界顶尖的人才……"

在碧桂园，2010年推出"碧业生"计划，后升级为"超级碧业生"，寓意"碧桂园未来事业发展的生力军"，旨在吸纳优秀应届毕业生，并建立了完善的培养体系。从2013年正式开启的"未来领袖"计划，则是碧桂园在行业内首创、专为优秀博士量身打造的高端人才品牌项目，旨在培养行业的领军人物。目前累计有1300余名博士通过该项计划进入碧桂园，他们来自哈佛、麻省理工、剑桥、牛津、港大、清华等全球顶尖高校。

不得不说，优秀的公司，顶级的投入，精英的人才，这才是重视招聘的人才文化。不过话说回来，招聘并不是最大的成本，"无人可用""招错人"的成本才是最大的。

3.运用精英化机制去招聘

一个网友发帖称，自己为了准备谷歌软件工程师的面试，花了数千个小时读书、写代码、观看计算机科学相关的讲座，前后历时八个月。而有些公司常常做这样的面试安排：一般岗位的人员，面谈时间控制在10分钟之内；管理及技术岗位人员，控制在30分钟之内。这样一天下来就能面试更多的候选人。

重视招聘的精英文化，一定要有非同一般的招聘机制。阿里销售团队的"北斗七星选人法"是由七个关键词，在三个能力层面和一个底层要求基础上构建而成的。谷歌的招聘周期曾一度长达半年，应聘者要经过25轮面试，才能知晓其是否满足一个合格谷歌人的要求。如今这一过程已经被浓缩在1个多月之内，但管理层仍然坚持"只招聘比自己优秀的人"的核心原则。

在很多企业校招活动中，会体现"宣讲—网申—测评—简历筛选—初试—笔试—复试—终试—offer—实习—集训—入职"一系列招聘流程。这是因为，精英客观存在，但总要通过招聘机制把精英选出来。对企业招聘团队而言，没有科学丰富的结构化面试题库，没有严谨的测评工具，没有精细的入职流程，就算不上精英化的招聘机制。

第2节 ｜ **精英文化之人才画像**

总是有HR说，搞招聘的HR太难了，找的不来，来的不对。招聘为什么这么难？找到合适的人为什么这么难？

俗话说，方向不对，努力白费；方向搞对，效率翻倍。搞好招聘离不开人才画像，有了人才画像，找人的过程或许就没有那么难了。具备精英文化特质的企业，必定有精英人才的画像轮廓。

1.教育经历

在中国的特有国情之下，精英人才的定义很难绕开这个条件。传统的看法是以"211""985""C9""双一流"院校为判断条件，最好具有一流院校一流专业的第一学历背景，还要考虑其学习成绩的排名状况。如果是高端学历人才，比如博士、博士后，还会考虑其导师的学术地位和社会影响。

2.工作经验

优秀的企业聚集优秀的人才，精英人才在行业内有规律地分布，我们要关注那些有明显优势的工作履历。他们丰富的工作经验只是基础，还要有同行业知名企业的相关工作经验。相比之下，毕业后的从业年限倒不是一个硬性要求，毕竟企业对人才的年龄要求也趋于年轻化。

3.专业技能

专业就是专业，技能就是技能。越是高端的精英人才，企业需要的专业方向越聚焦，特别是技术研发类人才。至于说技能，仍然与专业领域内的工具运用能力有关。总之，精英人才的专业技能，一定是超水准的。

4.行为习惯

精英人才区别于大众人才，他们的学习方式、时间管理、执行力、计划性、积极性等行为习惯，往往令人称赞。同时，他们敢于接受组织设定的目标和挑战，坚持寻找破解问题的方法，善于通过创新去设计方案。他们的行为标签，往往是"积极、向上、行动、沟通、复盘、精进"等高能用词。

5.思维方式

在某种程度上，一个人的思维方式，决定了其行为习惯。精英人才的思维方式，都是能够促进自身更加精进的方式。他们不是熵增思维而是熵减思维，不是守旧思维而是开拓思维。

6.领导能力

不敢说所有的精英人才都具备优秀的领导能力，但是精英人才往往有形成领导力的价值内核和潜在条件。有了这样的必要条件，精英人才的领导能力就可以茁壮成长。

7.情商

"看透不说透"是一种情商，"不以物喜，不以己悲"也是一种情商。人在职场，主要是依靠专业技能生存，凭借人际关系发展。说白了，人际关系、情绪管理、适应力、灵活性、开放性等特质，都属于情商。精英人才的情商，绝对不能低于普通人才。

8."三观"

或许有人说，精英人才往往很偏执。笔者认为，偏执或是其个性，但世界观、价值观、人生观"三观"必正，否则就不能定义为精英。在重大利益面前，最能考验一个人的"三观"，特别是价值观。在此，完全可以引用稻盛和夫信奉的"事业精神"来融合定义精英人才的"三观"：动机至善，私心了无。

9.潜力

如果在以上各方面算不上一流，只是二流、三流怎么办？至少可以说，其具备了精英人才的潜力。所谓英雄不问出处，也所谓以成败论英雄，能打硬仗、打胜仗的人才，一定是企业自定义的精英人才。

以上说了不少精英人才的特征，并不能够包括全部，其基本意义是能够帮助HR更好、更快地定义精英，找到精英。

需要向HR伙伴说明的是，人才画像不一定是专业化的术语，也可以是生活化的描述。一般情况下，使用到人才画像的岗位，都是比较难招聘的岗位，精英人才自然属于此类。精英人才招聘的难易程度，除了受雇主品牌的影响，主要看招聘的渠道、方法、流程、机制、文化导向等，是否最大化地满足精英人才的体验需求。还有一点不可忽略，最好的人才画像，其气质一定要符合老板或决策层的愿望。

第3节 | 精英文化不是明星文化

提起精英文化，不少人认为是指选人要"唯精英论"，实则不然。精英文化呼唤精英、聚拢精英，但不是对人才追捧包装，更不是故作姿态。精英文化不是"明星文化"，而是"唯创新力优先""唯价值创造优先"的精英人才管理文化。

滴滴出行公司把人才分为ABCD四个等级，其中最优秀的精英就是A类人员。滴滴对精英的定义是聪明的复合型人才：对商务的高敏感度、对市场的良好感觉、对自身业务的高要求、对上下游关系的灵活处理，还能做一些你想不到的业务。滴滴认为，一个A类员工的价值可能远远超过两个B类员工，可以帮助上级减轻很多负担，很多你没有想到的地方，他能想到，这是非常重要的。

IBM公司则把人才分为ABC三类：A类意味着"战略性职位"，B类意味着"支持性职位"，C类意味着"多余性职位"。IBM管理者认为，如果把顶级人才配置在A类职位上，达成公司战略目标的可能性会大大增加。因此，要确保将A类员工放在A类职位上，去服务A类客户。同时，也必须有效管理B类和C类员工，尽快淘汰在A类职位上的C类员工。

可以看出，这些公司实施的是一种"战略先行""客户优先"的人才管理策略。对大多数公司来讲，根据"精英人才画像"去重视精英人才的招聘工作，是最务实的精英人才管理文化基础。

聘用更优秀的人、更合适的人，就是精英思维。用优秀的人才吸引优秀的人才，用顶级的人才创造顶级的价值，就是精英文化。换言之，"精英文化"并不是阳春白雪、曲高和寡，当优秀成为习惯，把精英当作标准，每个人都可以是自己的明星，每个人都能成为公司的精英。

简言之，精英文化不是为了"包装人才""打造明星"，而是要"寻找人才""吸引精英"，实现人才战略的经营价值。

第4节 | **精英文化的组织黑洞**

组织是一个平台，但大家有没有想过，组织是造就了个人，还是扼杀了个人？我们有理由认为，优秀的组织可以造就个人，平庸的组织却可以扼杀个人。

在谷歌的方法论中，大量招揽英才，吸引创意精英，提供不设限的平台资源，从而打造卓越的产品，是核心的组织法则。

战略文化专家陈春花提到，当组织扼杀了个体的个性与创造力时，员工可能就会离开组织。如今的员工与组织不再是层级结构关系，这意味着原有的层级型组织管理习惯要变了，变成让每个人都可以获得对称的信息，享用平台资源，并保持平等的沟通与交流。

华为公司曾界定了三大组织黑洞：腐败、惰怠、山头。对打造精英文化的组织来讲，还存在着另外三个组织黑洞。

1.战略认知黑洞

组织的高度取决于人才的高度，就是说，精英人才也会造就精英组织。企业家和HR如果没有这种认知高度和格局，就不可能吸引精英人才，更不存在精英文化。

正确的认知和做法是，精英人才是战略资源，在基于文化理念去选人的同时，要基于战略进行人才选拔，多多选用支撑组织战略能力的人才。同时也要体现"3A原则"，即"选用A类人才、匹配A类职位、提供A类资源"。

2.录用决策黑洞

选拔人才最值得花费时间，可很多企业不以为然。面试的参与、录用的决策，要么是用人部门大权独揽，要么是HR一手遮天。如此，不科学的选人过程，不对称的录用决策，都非常容易导致选人失误。

要提醒 HR 的是，一定要促使精英人才进入最高决策层的视野，才有利于形成精英文化的良性循环，才有利于避免更大的组织黑洞。

3.绩效沟通黑洞

很多企业不重视沟通，更缺失绩效相关的面谈和沟通。实际上，70%的组织障碍因沟通的黑洞而形成，70%的人才问题因绩效管理黑洞而形成。

HR 要充分参与人才的选拔评估、录用决策，更要积极参与绩效相关的面谈和沟通，而不是任凭用人部门自理自治。贴近用人部门，贴近业务语境，贴近一线队伍，是 HR 应有的团队沟通修炼，是穿越组织绩效管理黑洞的唯一通道。

第5节 ┃ 营造精英文化的五个法则

和营造组织氛围一样，组织的领导者、管理者或HR伙伴有必要积极协同营造组织的精英文化，去吸引优秀的人才，实现顶级的人才管理价值。以下五个法则，对营造精英文化有着积极的指导意义。

1.吸引力法则

吸引力法则就是"同类相吸"的法则，能想到的一切，都能够做到。精英文化就具备吸引力法则规律，因为可以用优秀的人吸引优秀的人。顶尖的人才之间互相交往，优秀带来优秀，增长促进增长。组织应该做的，就是用吸引力法则去吸引"更好的人才"，用"精英文化"去选人。

2.战略优先法则

我们习惯了"以人为本""以人才为本""人才是第一资源"等各种说法，然而真相果真如此吗？尊重人才的同时，不能忽略一个前提，那就是战略大于一切。阿里巴巴集团CEO张勇曾公开透露阿里巴巴的核心战略——人才战略、组织战略、未来战略。其实，人才战略正是基于组织战略，基于未来持续经营的战略。真正优先的，其实不是人才，而是战略。

3.差异化法则

企业的经营战略有两种基本形式：低成本和差异化。其中，差异化战略更加常见。人才管理的差异化，正是基于战略的本质是差异化。精英文化的本质，就是顶级的人才管理差异化。前文提到的IBM人才管理"3A"原则，就是将A类人才放到A类职位上，服务于A类客户。有了基于战略的差异化人才管理，才会有人才价值差异化的精英文化。

4.长线法则

有这样一条网络评论：优秀的人才是免费的，因为优秀的人才可以创造更大的价值，而平庸的人才不仅不能创造价值，还会破坏文化，成本更高！笔者想表达的是，优秀人才的直接成本很大，但间接成本很小，长期成本趋于零；平庸人才的直接成本很小，但间接成本很大，长期成本无穷大。从人才投入和长期回报来看，其实优秀的人才最便宜。这就是为什么华为公司会出现"天才招聘"，碧桂园公司会推出"未来领袖"计划，都是在放长线、养大鱼，这就是精英文化的长线法则。

5."5A"法则

毋庸置疑，前面提到的"3A原则"是一项人才管理差异化的基本原则。在此，基于组织精英文化的营造，笔者更倾向于将"3A"扩展到"5A"：识别A类职位、选拔A类人才、匹配A类资源、服务A类客户、创造A类价值。这样的"5A"法则，一定是营造精英文化的顶级实践路径。

本章小结

精英文化不是阳春白雪，更不是要放弃组织团队里的大多数，而是说组织必定要营造的，是精英文化的人才势能。

从 HR 的职能定位和从业价值来讲，不论是"模块论"还是"价值论"，都不可忽略企业人才供应链的基本逻辑循环：选、用、育、留。而"选人"这个环节，则是整个人才供应链的入口，是人才管理的入口，也是价值创造的入口。无论如何，以招聘为关键行动的选人活动，务必成为 HR 工作内容的重中之重。把时间和精力花在人才招聘上，最终是值得的。

组织吸引精英，团队打造精英，但我们并不是"唯精英论"。在组织团队里，不需要前呼后拥的明星人物，而需要上下同欲的人才团队。

所谓的 VUCA 时代［指的是变幻莫测的时代，VUCA 是 Volatility（易变性）、Uncertainty（不确定性）、Complexity（复杂性）、Ambiguity（模糊性）的缩写］，HR 伙伴们更应该有所坚守。坚守人才价值，坚守管理贡献，坚守战略使命。让优秀吸引优秀，让增长促进增长。带着清晰的"人才画像"，去实现"5A"级的人才管理实践，是每一个企业、每一个老板、每一个 HR 最大的管理价值。

第5章

用敏捷文化去用人

导语

纵观历史长河，善于识人者并不鲜见，但识人选人之后，用人之事最为要紧。古往今来，多少破败之事皆因用人失当而起。可以说，用人失误，天翻地覆。

然而用人并非易事，毕竟人不是设计好的机器，存在一定的变数。况且，组织本身也生存在变化的时代环境之中。管理大师拉姆·查兰说过一句话："没有一个时代像现在这样，变化如此之快，转型升级已不再是选择，而是必需。在这个飞快向前的时代，每个人、每个组织只有超越外部变化的速度，才有可能在这个时代制胜未来。"

唯一不变的就是变化，面对不确定，依然有规律可循。敏于思，捷于行，以变应变，以快对快。于是，诸如敏捷开发、敏捷生产等管理实践，敏捷的组织文化就应运而生了。

简单来说，能及时应对或者超越业务背景（客户、技术、市场）的变化节奏，就是敏捷组织。在敏捷组织里，和敏捷开发、敏捷生产一样，打造敏捷的用人文化，成为组织人力资源管理的重要导向。

第1节 | **敏捷组织的敏捷文化**

敏捷时代带来的变化时刻发生在我们身边：二维码验证、ETC通行、NFC支付、语音识别、刷脸解密……这些是新技术的迭代，是消费结构的升级，是新业务场景的构建，是对用户需求的超前满足。我们认为，在这个所谓的VUCA时代，能及时应对或者超越业务背景（客户、技术、市场）的变化节奏，就是敏捷组织。从人力资源管理角度出发，从"战略、组织、人才"的经营逻辑出发，敏捷组织首先要具备如下的敏捷文化特征。

1.组织设计扁平化

组织意味着层级，层级就意味着障碍，障碍就如同漏斗。科层制的等级，命令式的管理，金字塔式的组织结构，在新生代员工面前开始逐步崩溃。无论是海尔的"人单合一"，还是韩都衣舍的"三人小组"，以及众多企业推进的"分队式""网格状""生态圈"等组织形态，都意味着组织设计的扁平化。

再大的企业集团，也不会按层级接龙下去，否则就丧失了敏捷性。大企业可以变成数个小企业，可以横向做宽、纵向做深。比如，房地产企业的三级管控制，区域集团化之后，总部就变成了大平台。再如，互联网企业的事业群制，各业务板块网状分布，总部就是运营大脑，组织就成了生态圈。

扁平化的组织设计，让流程更短，让决策更快，让服务客户的响应速度更快，也让企业战略落地的路径更优，获取客户价值的效率更高。

2.组织战略透明化

我们先谈了组织设计，并不是忽视战略的优先性。组织跟随战略，战略跟随组织，我们可以反复去思考规律。现实中，组织架构的变化调整给员工带来的影响最直接，而战略的问题更具隐藏性罢了。

战略不允许被员工随意讨论，是组织分工使然，但战略不是要让员工去猜想，战略必须是明确的、清晰的、透明的。而战略的透明，不意味着战术的透明，也不意味着战略的成功可以复制。战略透明最极致的敏捷做法是：把战略融入使命，把战略化作愿景，把战略植入价值观，把战略写入制度流程里。

3.组织用人敏捷化

只要企业存在，不管时代如何变化，管理范式怎么变化，人才管理的共识不会变，就是必须把人放在第一位，把人的创造性放在第一位。

在德勤公司对140个国家的企业和人力资源高管进行的一项调查中显示，94%的参与者将"敏捷和协作能力"列为企业成功的关键因素。由此可见，企业创新步伐不断加快，敏捷文化的组织策略已是大势所趋。

招聘活动可以更加敏捷，能力模型可以更加敏捷，人岗匹配可以更加敏捷，干部轮岗可以更加敏捷。当敏捷成为组织的战略选择时，相应地，通过敏捷人才管理驱动企业变革的窗口期已然到来。

第2节 | 敏捷组织的用人理念

千百年来，"用人不疑，疑人不用"广为流传，也被企业家和HR当作重要的用人法则。然而现实中，用人成了"尽人事，听天命"的过程，任用的人不一定十分可信，信任的人不一定十分好用。于是，"用人要疑，疑人要用"成为另一种论调，还真让管理者左右为难。

在如今去中心化和双创的时代背景下，人才的获取和使用都越来越有挑战性。那么，什么样的用人理念才更加符合敏捷组织特征呢？以下八条概括性意见，希望给大家带来启发。

1. 人才和战略结合

我们在前面的章节中提到过这个观点，人力资源管理不能纯粹是管理思维，更应该是经营思维。企业战略是什么，就去找承担该战略使命的人才，就去围绕该战略打造组织和员工的能力优势，就去针对该战略结果做出激励方案。

HR的战略思维和战略眼光，就是组织人才管理的敏捷基础。

2. 工作和客户融合

敏捷组织的特色，仍然是以客户为中心。客户至上，用户至上，每个人都热衷于为此交付更多的价值。

海尔打造的"人单合一"是什么呢？"人"就是员工，"单"就是用户的需求，把员工和用户的需求连在一起，创造用户价值的同时，也体现了员工自身的价值。

在传统组织里，员工看到的只是眼前的工作；在敏捷组织里，员工必须能够看清楚工作结果带来的客户价值。

3.把人才当作资本

人力资源是生产力，人力资源也具备资本属性。传统型企业把人力资源当作成本；敏捷组织则把人力资源当作资本。

敏捷型人力资源管理体系，正在从控制变成支持，从管理走向经营。

4.把员工当合伙人

有些企业搞内部创客平台，有些企业搞裂变式创业，有些企业搞内部跟投，都具备把员工当作合伙人的特征。

传统型企业，把员工当作雇员，当作价值交换的劳动者；敏捷组织，把员工当作事业合伙人，当作价值创造的分享者。

5.仆人式领导

和海尔"倒三角"描述的一样，敏捷组织里的领导处于金字塔底端，为员工提供支持和服务。或者说，在传统组织里，依靠等级和职位获得领导力；在敏捷组织里，通过赋能员工、创造资源形成领导力。

当然，仆人式领导不是道德评判，而是一种领导哲学。

6.轻管理

在传统组织里，员工依靠分工，坚守边界，等待命令；在敏捷组织里，在合理的授权范围内，员工具备了更多的自主决策权，是一种轻管理模式。

这一特征同时要求，员工要具备自我驱动、自我管理、自我发展的能力素质。

7.快上快下

在敏捷组织里，可能会更加注重速度。比如，干部的任用一定是"能上能下"和"快上快下"。

另外，"因人设岗"成为一种普遍可能，只要是能够实现战略价值的人才，不论是奇才怪才，企业一定会迅速捕捉机会，弥补了传统的"因岗设人"

的不足。

8.开放透明

在敏捷组织里，人才格局会显得越来越开放。人才的获取，灵活的用工，弹性的薪酬，都是为了吸引更优秀的人才资源，打造更强的组织能力优势。

另外，除了战略的透明，组织的规则、管理的机制，都需要更加透明。在战略、使命、愿景的驱动和领导下，员工更容易形成"群蜂意志"，实现组织的高效率价值创造。

第3节 | 敏捷文化的"信"与"任"

现实中，企业聘用一个经理人的时候，老板关心的不仅是他的能力有多强，更关心他是不是值得企业信赖。企业把职务权力交给他，把技术市场交给他，他会不会自己拿走，背叛企业？

一项职场调查显示，仅46%的员工表示对公司"很信任"，15%的员工表示"很少"或"完全不信任"，剩下39%的员工表示有"一些信任"，即不完全悲观，但也没有热情。我们同时也发现，公司信任员工好难！员工信任公司也好难！

然而双方必须走出信任的困境，总要有一方先迈出一步。毕竟，相互信任的组织和团队有助于提高公司的整体效率，有助于发挥员工的更大潜力。对组织来讲，首先迈出一步，意味着一种氛围，一种机制，更是一种组织能力。下面对"信"与"任"的三个组合层次，分别表达了敏捷文化的用人内涵。

1.信其能，任以事

一个企业，一个管理者，都要有一种对员工"无条件信任"的姿态。因此，用敏捷文化的用人理念做导向，首先就要打开用人效率窗口，要无条件地相信员工的能力，要相信员工能够做好，要提供机会和条件让员工独立去面对事情、解决问题。

北宋政治家欧阳修说："任人之道，要在不疑，宁可艰于择人，不可轻任而不信。"面对员工，特别是面对新加盟的员工，我们完全可以在其没有正式名分、没有充分权力的可控范围内，让其施展手脚，表现才能。通过赛马的过程，证明相马的结果。

2.信其行，任以权

我们前面谈到过德胜公司，德胜的员工请假、报销等，完全不需要领导签字，自己把发票贴好，自己签名就行，公司也从来不打卡考勤。这样的员工会有什么样的行为？答案是员工充分自我管理，并没有破坏制度给公司带来损害。

其实，经过一件或多件工作事项的安排和考察，完全可以证明员工的实际能力。接下来，就要充分相信员工的行为，相信员工能够把事情办好，相信员工会自觉遵守公司制度，相信员工会追求公司和团队利益最大化。这个时候，就要给员工合理的授权或正式的名分，不能犹豫不决。

3.信其人，任以职

汉高祖刘邦曾说自己有"三不如"："夫运筹帷幄之中，决胜千里之外，吾不如子房；镇国家，抚百姓，给饷馈，不绝粮道，吾不如萧何；连百万之众，战必胜，攻必取，吾不如韩信。"他的意思是说，自己谋划不如张良，后勤不如萧何，打仗不如韩信，自己获得的胜利，靠的是用人之道。

我们更加相信，这些被委以重任的精兵良将，都是经过一定考验的。所以说，当我们对员工的才能、德行有过验证，就应该充分相信其独立的人格，兑现权利承诺，委以要职。这样一来，通过不同阶段的品行考察，实现不同程度的信任验证，就大大降低了用人风险和信任成本，形成了敏捷的用人文化和机制。

第4节 | 敏捷文化的"知"与"用"

关于知人之道，诸葛亮曾说有七种办法："问之以是非，而观其志；穷之以辞辩，而观其变；咨之以计谋，而观其识；告之以祸难，而观其勇；醉之以酒，而观其性；临之以利，而观其廉；期之以事，而观其信。"

关于用人之理，曾国藩曾说："办事不外用人，用人必先知人。"同时，曾国藩有八字用人真经：广收、慎用、勤教、严绳。

另有古人云："国之所以不治者三：不知用贤，此其一也；虽知用贤，求不能得，此其二也；虽得贤，不能尽，此其三也。"

由此可见，知人不深、识人不准，往往就会用人不力、用人不尽，贻误家国大事。

对于企业，知人善用本身，就意味着人事相宜、人岗相适，就隐藏着敏捷的用人文化。

1.知长短，尽用其才

尺有所短，寸有所长。一个人的能力和资历，皆有可能不对称分布，总会存在长板和短板，优势和劣势。知人，就要知其长短，然后尽量用其长处，发挥优势。

比如，三国时期的马谡才气过人，好论军计，如果他只做参谋而不上一线指挥，可能是一个很优秀的参谋人员，可偏偏由于被用不当，带着短处到一线搞指挥，最终毁了自己，更误了军事大业。

所以，用人之敏捷，必先知其长短，然后尽用其才。

2.知表里，巧用其力

在现实工作和生活中，当面一套、背后一套，好话说尽、坏事做绝的人并不鲜见。

对企业来讲，必须快速有效地识别言行不一、口是心非、面目伪善、暗怀恶意的人。对待领导和同事的态度是否一致，对待富人和穷人的表现是否相同，说的话和做的事是否一样，八小时工作时间之内和之外的作风是否一致等，都能判断此人是否表里如一。

有人说，得一物必尽其力。但所谓的敏捷，是又快又准，面对表里不一的人才，则要巧用其力，迂回治理。短期内，或许能巧用于一些场合，以毒攻毒；长期来看，一定要慎用限制，最终调整放弃。

3.知是非，善用其人

一个表里如一的人才，一个没有道德缺陷的人才，尽管有短处，甚至是奇才怪才，也还是要善待善用的。只是，在人才观的制高点上，必须用价值观、是非观去深入考察。

《出师表》曰："亲贤臣，远小人，此先汉所以兴隆也；亲小人，远贤臣，此后汉所以倾颓也。"是非观，必然形成人才的最终分界线，贤臣与小人，忠臣与佞才，一念成佛，一念成魔。

作为 HR 或管理者，一定要用心去知人识才，且要守住是非观的底线。所谓的知人善用，是敏捷用人的最佳状态。

第5节 | 敏捷文化的"放"与"治"

敏捷是概念，更是动作。

在现实中，战斗机的造型如同鹰隼，这是设计中的生物概念，更是飞行的基本需要。在动物世界里，所有身手敏捷的动物，都是为了更快更强地捕获猎物，获得生存。这一切，都是生存的动作，都是生命的意义！

在组织用人方面，所有知人、识人、用人的技巧和操作，在遵循人性和道德规律的同时，呈现的是企业用人的理念，是获取人才能量的基本动作，是实现企业做大做强的生存发展需要。

敏捷是效率，更是能量。

北大西洋有一种海鸟塘鹅，当它们用犀利的眼睛发现海里的目标时，能够以96公里/小时的速度，从45米高空俯冲水下，如同击水的炮弹一般，击捕游动的鱼群。它们既可以飞翔，又能够潜水，如此惊人的生存技能和敏捷动作，是一种捕猎效率，更是一种生命能量。

前面我们提倡的不同方法论，是组织知人、用人的最优状态导向，是组织人才管理的效率体现，是组织人才管理的能量释放。

敏捷是流程，更是文化。

近年来，国内越来越多的互联网公司开始采用敏捷开发的方法做项目管理，包括腾讯、百度、阿里、小米、华为，其是以用户的需求进化为核心，采用迭代、循序渐进的方法进行软件开发的一种方法论。

在敏捷开发模型里，体现的是小团队、小目标、小周期，但一定要快速交付，满足客户的需求。如此迅速迭代的操作，是一种高效敏捷的流程创新，更是一种以客户为本的价值文化追求。

没有成功的企业，只有时代的企业。

当今的VUCA时代，组织管理及人才管理必然要有开放的机制、开放的格局，去参与更多更强的竞争。而高效组织系统的能量交换，意味着开放和敏捷。但开放不意味着失控，敏捷也不意味着无序，而是"去中心化"的有序分布，实现"社群式"的自我治理。

组织的用人玄机丰富多样，敏捷的组织文化，敏捷的用人文化，必定要成为新时代组织的文化基因。

本章小结

在自然界里，敏捷动作是动物的生存需要，企业的敏捷文化有异曲同工之妙。

企止于人，组织的人才管理非同寻常地重要。然而，组织绩效的"技控"远比"人控"简单，也就是说，不论人力资源管理的哪个模块，想要达到理想状态绝非易事。

习近平总书记在中央政治局第十次集体学习时指出，要坚持公正用人。他强调，要采取有效措施，做到善则赏之、过则匡之、患则救之、失则革之，把政治生态搞清明。

不难理解，敏捷用人的基本意义，就是措施有效，成果有效。不论是组织扁平化设计，还是快速迭代流程设计；不论是人事相宜，还是人岗相适，都要解决组织的生存需要，满足组织的成长需要。

无论如何，组织的高度不可能高于人才本身的高度。用人的敏捷性，就决定了满足客户的敏捷性。敏捷是管理概念，更是生存动作；敏捷是管理效率，更是组织能量；敏捷是管理流程，更是创新文化。

敏于思，捷于行；敏于人，捷于事。为客户而敏捷，为生存而敏捷，这是敏捷型企业文化的价值所在。

第6章

用球队文化去育人

导语

江山代有才人出，各领风骚数百年。

从某种角度来说，组织的生命周期，也是人力资源的价值周期，不同梯队的接班人，不同的人力资源价值，影响甚至决定了组织生命周期的拐点。

管理者重要的任务就是培养人，包括自己。这是因为，企业的重要资源是人，管理者的核心资源也是人，要想实现管理的有效，就得有效通过别人来完成工作，就要培养有用的人。

人才的价值周期是有限的，用人终归是一场接力赛。可现实是，不论是阿里巴巴，还是联想，甚至是谷歌和微软，所谓的强创始人文化的公司最终都选择了"内部培养出来的接班人"。这就意味着，成功企业的接班人计划，意味着有效的人才迭代机制和人才培养系统。

许多企业的接班人并不会选择家族成员，企业能否像一支球队一样？不论是国家队，还是职业俱乐部，球队并不采用终身雇佣制，也没有喊出"以球队为家"的口号，但是球员在出战的时候，还是可以彼此信任、相互配合、共同受益。

成功的球队，其经营历史或已超过百年，企业团队理应像球队一样，有明确的目标，有竞争意识，能够共同奋斗，可以补位协作。更重要的使命是，培养一代代精英人才，传承组织文化，延续组织生命。

第1节 | 球队的责任文化

无论是篮球、足球、排球、羽毛球还是乒乓球，球队对抗的背后，其实都是不同的球队文化及核心价值理念在较量。

球队最优先的诉求是什么？有人说就是赢球啊。此言不虚，球队的最高目标是赢球，最低目标是晋级保级或入围，因此很多球队在力争打造一种冠军文化。

一个冠军球队，球队帮助球员实现个人价值和梦想，球员也通过价值实现球队目标和荣耀，两者一直处于动态平衡之中。然而，赢的背后是什么？实现目标靠什么？是团队，是责任。

一支球队，从教练到队员，应该是：赢了一起狂，输了一起扛。

在我国乒乓球史上，涌现出一批又一批的人才，如邓亚萍、刘国梁、孔令辉、张怡宁、张继科、马龙等。中国国家乒乓球队秉承"你不要这一分，祖国还要这一分"的队训，一代代拼搏不息，攀登不止，经历了由弱到强、持久昌盛的发展历程。中国乒乓球协会的数据显示，截至2021年4月，中国乒乓球队有116人成为世界冠军，共获得244枚金牌，其中奥运会金牌28枚，使得乒乓球成为中国体育军团征战奥运的优势项目。

在中国男乒前主教练刘国梁对队员的一段训话视频中，我们可以看到，他提到最多的是"责任""团队""学习""境界"等关键词。网友纷纷感叹，不愧是国球精神，原来所有的胜利，都是价值观的胜利。视频中，刘国梁本人不止一次地强调，中国乒乓球队最不缺少的就是冠军，而要捍卫这样血脉传承一般的荣耀，中国乒乓球队的运动员们必须将一些东西铭刻于心，这就是使命感和责任心。

2019年9月29日，中国女排在日本大阪市中央体育馆以3比0完胜最后一个对手阿根廷队，以十一连胜夺得女排世界杯冠军，成为世界三大赛的"十冠王"。当记者采访时任中国女排主教练郎平时，她骄傲地说："只要穿上带有'中国'的球衣，就是代表祖国出征，为国争光是我们的义务和使命。每一次比赛，我们的目标都是——升国旗，奏国歌！"

一位网友在赛后感动地写道："真正让我们为女排骄傲的，不是一直胜利，而是从不放弃的精神。"中国女排这种"不放弃"的精神，中国女排"升国旗、奏国歌"的目标，让人热血沸腾，感同身受。这种精神和目标的背后，不正是对祖国荣誉的责任吗？

像球队一样，企业团队要传承的，是人才，也是责任。

企业的人才管理之道，"买马"和"育马"并重，找人的责任和育人的责任都不可或缺。很多企业找到人才后的心态是：我愿意你来，你也愿意来干，那么你挑上担子干就是了，反正我只看结果！阿里巴巴首席执行官张勇则认为，这样是不负责任的，你得给他撑把伞，让他能够先适应一下环境、土壤、水温。

球队不是只有赢球的目标，企业也不能只看结果地去管理。

十年树木，百年树人，企业育人首先是一个过程，然后才有结果。管理者对育人过程怀有责任，才能培养出有责任感的团队，才是赢得目标、达成结果的必要基础。

第2节 | 球队的补位文化

在球场上，每个队员都有自己的站位；在公司里，每个员工都有自己的岗位。然而，没有完美的个人，只有完美的团队。在赛场和职场中，所有的目标和成绩都依靠团队协作而实现。

在一场高水平的足球比赛中，不太可能长期保持疯抢模式，平行防守注定还是比赛的主旋律，然而为了兼顾覆盖面积和阵形稳定，球员之间的互相补位必不可少。不夸张地说，真正决定两队防守质量的，是全队的移动补位。这一点，像不像我们提到的敏捷组织内涵呢？

赛场上，大家为了共同的进球目标主动补位，进球是由传球、接球、带球、射门一系列动作完成的，而队友们有主攻，也有替补。企业里，各个部门也是根据不同职能互相分工，各个工序也是根据不同工艺互相界定，然而，不同职能是交叉并互相配合的，不同工序是连贯又互相影响的。一个团队中，在出现资源或力量缺失时，就需要有人及时补位或替补。

1.在位不缺位

每个人在自己的岗位上，都应该有自己的定位和站位，说到底是岗位本身赋予自己的责任，不能"人在心不在"，更不能"在其位而不谋其政"。球来的时候，要去接，要去传，更要发挥"临门一脚"的作用，岗在人在，人在心在，不可或缺。

2.走位不丢位

越是敏捷的组织，用人就显得越是灵活。比如，岗位调动或干部轮岗，已经是常见的企业用人动作。岗位发生变动的时候，就不能"瞻前不顾后"，更不能"新官不理旧账"。岗位调动，是一种复合锻炼的机会，是"移动运球"而不是"定点发球"，不能丢掉更高更强的团队目标。

3.补位不越位

一个球员补位时，更多的是产生接力或配合的作用，补位只要到位即可。在现实工作中，一个部门正职不在时，部门副职或下属当然可以主动补位，承担一定的上传下达责任，但绝对不是取而代之，不能不懂装懂，更不能我行我素，这就是补位而不越位。

补位看上去是个小事，却体现了团队意识，体现了组织运营机制。

对企业来说，从工作来看叫补位，从业务来看叫协同，从经营和文化来看则是传承。有财经分析机构指出，中国改革开放已经40余年了，未来若干年，国内许多大型企业集团的老板和高层领导者，将无可避免地进入退休年龄。那么，如何建立有效的接班人计划，确保企业领导层平稳接续，保证企业基业长青，已是摆在许多企业面前不可回避的课题。

补位，是补台，也是补责，更是补效。企业的育人问题，根本上是要像球队一样，打造前赴后继的人才队伍，实现企业的基业长青。

第3节 ｜ 球队的价值文化

在美国男子职业篮球联赛（NBA）常规赛中，有一个奖项是Most Valuable Player Award，简称MVP，是对最有价值球员所颁发的一个奖项。比如，我们熟知的乔丹和科比，都曾获MVP殊荣。如果说总冠军是所有球队的追求，那MVP则是每个队员的梦想。

获得MVP并不容易，首先需要大多数观众球迷的喜爱，同时还有最重要的三点评选标准：

（1）率领球队取得好成绩；

（2）身为球队的核心作用要立竿见影；

（3）能够使队友变得更好。

从表面看，MVP球员一定是得分最多、进球最多的球员。其实不然，MVP不是数据最强球员，也不是个人能力表现最强的球员，而是最有价值球员。其中的"价值"二字，意味着能让球队变得更好，让队友变得更好。

毫无疑问，在球类项目中获得了MVP称号，代表着你是顶尖的球员、最重要的球员。但同时也意味着，你必须是一个对团队贡献很大，并且很有责任心的人，能让整个团队受益。中国女排MVP获得者朱婷谈到对MVP的看法时，认真恳切地说："只有集体项目才有MVP，MVP属于冠军，但MVP，并不是决定球队命运的孤胆英雄。作为冠军队的代表，MVP注定很闪亮，但他不是黑暗中仅有的那一束光。"

在企业和团队里，一个MVP型的干部或员工是怎样的？不一定是学历最高的，不一定是资历最老的，不一定是职务最高的，不一定是销售业绩最好的，也不一定是员工评价最满意的，但是，他一定是品德优秀、做事认真、结果导向、成绩不俗的人，他一定是积极向上、影响他人、创新挑战、解决问题的人。这就是MVP的意义和价值，他意味着"价值"，让企业和团队变得更好的价值。

阿里巴巴在成立 20 周年之际，正式公布了"新六脉神剑"，宣布全面升级公司使命、愿景、价值观。对此，阿里巴巴依然加了一句注解：一群有情有义的人，在一起做一件有价值、有意义的事情。

在《华为人力资源管理纲要 2.0》中，则提到人力资源管理的两个基本出发点：第一，承认劳动是公司价值创造的主体；第二，用熵减与开放持续激发个体的创造活力。同时指出，人力资源管理的坚实基础有三个方面：第一，构筑核心价值观底座；第二，形成自我批判纠偏机制；第三，打造价值创造管理循环。概括地讲，人力资源管理的价值贡献在于：让组织始终充满活力。

价值规律是商品生产和商品交换的基本经济规律，对球队，对企业，概莫能外。要成为一名有价值的员工或干部，要培养有价值底蕴的个人和团队，要打造力行价值创造的企业文化，是 HR 从业者的使命之一。

第4节 | **球队的内功文化**

对一支球队来讲，所有主教练的主要工作表面看大致相同，不外乎考察球员、组建队伍、带队训练、确定阵容、设计战术、临场指挥等。遗憾的是，优秀的主教练也不能保障球队最终获胜。

意大利名帅马尔切洛·里皮先生曾两次担任中国国家男子足球队主教练，然而二进宫的他并没有成为国足的救世主，最终仍以主动辞职谢幕。有国足队员表示，现在中国足球最大的问题不是谁当教练的问题，是从小基础就没打好。换句话说，中国足球现在最应该重视的是青训，而不是在外援教练或队员身上烧钱。

现实正是如此。在2018赛季亚冠联赛小组赛上，中超4支亚冠球队共取得41分，创下中国球队亚冠小组赛积分新纪录，其中上海上港队、广州恒大队、天津权健队均获出线权，整体表现不俗。但是，外援贡献了中超球队近七成的进球，国内球员发挥的作用还是逊色一筹。必须指出的是，与日本、韩国球队相比，中超球队对外援的依赖程度更高。

中国足球没有希望吗？不是的。打铁还需自身硬，未来中国足球要想不被别人欺负，最重要的一点是练好内功，而不是依赖外援。练好内功，不仅仅是球队球员的责任，更是整个社会的责任。

冰岛就是一个好案例。

据统计，冰岛用了十年时间，拥有179个标准足球场和128个小型足球场，大约相当于每250人就有一块足球场地。其中不少球场都有地热设施，而且全年免费，每天早上6点半到晚上11点全部开放，无论你什么水平都可以去踢两脚。同时，据冰岛足协统计，持有欧足联B级教练资格证的冰岛人有639人，A级教练证人数达到196人，还有13人拥有欧足联职业级教练证书。如果按冰岛全国人口33万来算，平均400个冰岛人就有一位欧足联B级以上教练。在中国，根据中国足协技术部统计，国内A级和职业级的教练加起来仅仅有100多人。

强大的平台，酝酿强大的能量，造就强大的个体。在一次采访中，记者问科比为何如此强大时，科比笑着给出一句反问："你见过凌晨4点的洛杉矶吗？"凌晨4点的洛杉矶，还是满天星光，行人寥落，寂静无声，而科比4点多钟就会爬起来训练，这种认真和积极，让无数人敬佩。

少年强，则中国强。对中国足球来讲，本没有什么"魔咒"和"心魔"的说法，更不具有什么"偶然性"。我们只是没有去认真对待和勤奋苦练。从青训开始抓起，哪怕5年，10年，通过日复一日、年复一年的刻苦训练，一定可以获得更强健的体魄和更精湛的技术。

中国乒乓球历史上值得一提的"乒乓女皇"邓亚萍，在她14年的运动生涯里一共获得了18个世界冠军，并且连续8年稳居世界排名第一的宝座。但谁又知道她从小就因为身体矮小被体校拒之门外，而她正是用"不抛弃、不放弃"的刻苦精神，一步步成长、发展，才最终成为女子乒乓球历史上的王者。

企业的"内功"是什么？从根本上是企业的团队素质和竞争能力，但战略、组织、运营各方面的能力都不可或缺。越是在经济困难的情况下，企业越是应该多关注一下自己的客户，关注自己的产品、技术、组织架构是否要升级，思考一下投资方向是否要调整，这都是内在的功夫。

做企业的，慢一点没关系，而做得大、做得强、活得好、活得久，才是最为重要的。对组织来讲，欲成大器者，必修炼其内功。人才的高度，决定组织的高度，人才的内功有多强大，企业就会有多成功。

第5节 | 球队的赋能文化

球队和球员之间，依托于一种合同关系；主帅与球员之间，依托于一种教练关系。然而大家在一起踢球，都很拼命，都渴望胜利。大家有共同的理想，也有共同的利益，相辅相成，恰到好处，这就是球队的赋能价值，这就是球队文化的商业魅力。

对企业来讲，赋能意味着什么呢？就是员工在组织平台上能够把自身能力发挥到最大，实现双方利益最大化。

阿里巴巴前执行副总裁曾鸣在为《重新定义公司》撰写的序言中讲道："虽然未来的组织会演变成什么样，现在还很难看清楚，但未来组织最重要的功能已经越来越清楚，那就是赋能，而不再是管理或激励。"

球队的胜利，是技术、战术、体能的胜利；企业的胜利，是战略、文化、组织能力的胜利。共同的诉求在于，个体依赖组织，组织赋能个体，通过个体能力的提升，实现组织和个人的目标和利益。

中国女排主教练郎平曾说："我的职责就是烧柴、点火，不断鼓励和调动队员们，让她们一往无前，不会退缩。"同时，郎平按照大国家队理念锻炼和培养新人，搭建复合型保障团队，颠覆了女排过去陈旧的训练和康复理念，进行新的竞争优势赋能。

教练本身就是赋能，管理本身也是赋能，团队的本质也是赋能。

企业育人的本质，正是把团队整合起来，使其总体力量大于各部分力量之和，以应对个体不能单独应对的整体目标。甚至可以说，当组织面临生命周期挑战时，通过自我赋能，实现人才裂变，拥有生物或生态一般的自生能力，这样才能保障组织更为持久的生命周期。

比如，从"联想系"来看，除了杨元庆、郭为，由朱立南、赵令欢、陈绍鹏、唐旭东和宁旻组成的联想控股"五少帅"，均是柳传志的"大将"。在柳传志退休之后，董事长之职也正是由"五少帅"之一的宁旻担任的。而新的联想控股，仍将首要致力于组织发展的自我赋能：核心班子的进一步学习、成长，持续的组织发展和人才梯队深化建设。

所有的球类项目中的胜利，都是精神和体能的胜利，也是人才培养的专业主义的胜利。所有的组织团队，立德树人，铸魂育人，一定是超越金钱的首要目标。

本章小结

一个公司，可能同时存在家庭文化、学校文化、军队文化，但一定不要忽略球队文化。

一个团队，应该像球队一样，有明确的目标，有强烈的竞争意识，成员之间要互相激励，能够共同奋斗，不断学习并掌握更多能力，在出现位置空缺时能及时补位，并积极融入竞争与合作中。

所有的体育对抗，最终都是体育精神的对抗；所有的商业竞争，最终都是核心价值观的竞争。我们需要的组织成员，是具有高度责任感，能够主动协作，力行价值创造，积极修炼内功，与组织相互成就的精英人才。

我们追求体育精神，我们信奉人才主义。我们提倡育人为本、德育为先、能力为重、全面发展的理念，更要坚持对人才的知识传授、智慧启发和全面赋能。

人才的高度，决定着组织的高度；个体的成功，影响着组织的成功。塑造员工的同时，员工也在塑造领导者；成就下属的同时，下属也在成就领导者。企业培育了人才，人才终究会回报企业。

经营公司就像经营球队一样，成就他人，成就自己。

第 7 章

用联盟文化去留人

导语

联盟，意味着结伴、结盟，意味着契约精神、互利互信。联盟绝不是吃大锅饭，而是一种互惠互利的契约文化。古代的商帮，现代的商业联盟，都是行业利益共同体、商业资源共同体。

移动互联网时代，每个人都成了中心，面对多元化的职业选择，人才的流动也如同提升的网速，已然成为日常状态。虽然大多数企业都想有一群长期留得住的人才，大多数员工也想有一个长期靠得住的老板，但现实的尴尬是，老板眼里是暖不热的心肠、留不住的人才，员工眼里是拿不够的待遇、信不过的老板。如果说，招人是企业的一个难题，那么，留人则成了企业的一个大难题。

不可否认，时代变得多元了，人与人之间的关系也变得复杂了。劳动仲裁、竞业纠纷、商业反腐已经成为企业的基本应对点，劳动关系双方对簿公堂、剑拔弩张的现象时有发生。但笔者并不认为，传统的"待遇留人、制度留人、事业留人、情感留人"的说法会过时。只是，移动互联网时代的雇佣关系，恐怕需要通过联盟文化重构组织信任与员工忠诚了。

第1节 ┃ **利益导向的联盟文化**

《资本论》里引用了托·约·登宁的一句话，如果有10％的利润，资本就保证到处被使用；有20％的利润，资本就活跃起来；有50％的利润，资本就铤而走险；为了100％的利润，资本就敢践踏一切人间法律；有300％的利润，资本就敢犯任何罪行，甚至去冒绞首的危险。

天下熙熙，皆为利来；天下攘攘，皆为利往。基本的利益，也是生存的基础。普天之下，芸芸众生，都会为了各自的利益而奔波。在职场中，升职加薪，当上领导，出任CEO，走上人生巅峰，是每个人的美好愿望。

因此，用待遇留人，绝不是一句空话。当然了，利益导向不能唯利是图，而是合理分配，互相回报，持续创造。要想让员工死心塌地，与企业同呼吸共命运，首先要思考如何保障员工的基本利益，如何通过利益导向达成组织联盟。

1.基于价值分配的利益联盟

组织是人的组织，也是利益的组织，是有经济目标、需要每个人付出劳动和作出贡献的利益组织。

现实中，有的企业老板个人生活富裕，而员工几乎穷苦潦倒，俨然是包工头和包身工的关系。有的企业老板则低调朴素，仁义担当，敢于给员工福利待遇，甚至超过同行的标准。显然，后者才是正常的企业家思想，是基于劳动价值的利益分配行为。

在新冠肺炎疫情期间，华为公司给武汉研究所员工每人每天补助2000元，在海外疫情国家的则补助150美元，直至疫情结束。网友纷纷表示："又是别人家的公司，只有华为能搞狼性文化，因为真的给肉吃啊！"

优秀的企业，优秀的企业家，一定会将员工视为第一生产要素，将利益分配作为基本管理导向。正如华为创始人任正非所说："钱分好了，管理的一大半问题就解决了。"

2.基于价值交换的利益联盟

2020年1月31日，英国正式"脱欧"，结束其47年的欧盟成员国身份。虽然有统一的货币，但没有统一的财政；虽说是各拿出一点钱大家协议开支，但都想少出多进，付出与收获不对等。或许，没有基于平等交换的利益，就没有天长地久的联盟。

你帮人一万元的忙，别人帮你一百元的忙，那就是在占你的便宜，谁也不愿意长期被别人占便宜，这是人性。

员工创造了十万元的价值，拿着一万元的工资，这是应有的劳动回报，更是价值交换。如果员工长期占企业的便宜，企业就会倒闭，这是规律；如果企业长期占员工的便宜，员工就会流失，这是人性。

有调查显示，近七成的职场人表示之所以离职，要么是因为发展空间受限，要么就是工资太低。工资太低是什么意思？也就是员工觉得自己吃亏，而企业占了自己的便宜。

有人说，没有高薪酬的狼文化都是耍流氓！没钱谈什么情怀！那么请问，华为曾经在2019年招了8名应届毕业的博士生，最高年薪开到了201万元，这些博士生必须为华为带来怎样的价值呢？

因此，公允一点说，劳动关系双方都有自己的利益驱动，但都必须有价值交换思维，这样才有公平的联盟精神。

3.基于价值创造的利益联盟

有人这样评价华为的价值链管理：以客户为中心的价值创造，以结果为导向的价值评价，以奋斗者为本的价值分配。在笔者看来，核心只有两点：以价值创造为中心，以价值创造者为本。

企业要不断引导员工，把价值创造作为责任、作为追求，才能最大限度地激发员工的活力。同时，打造以价值创造为标准的人才管理机制，不唯学历论，不唯资历论，能者上，庸者下，把资源和机会向价值创造者倾斜。如果员工都以追求价值创造为荣，就会不断增加自身的"附加值"，就能持续得到增值回报，就能在为企业创造价值的同时实现自我价值。

有调查报告指出，员工的工作收入、参加工作以来的晋升次数和对职业发展的整体满意度呈正相关关系。在留人问题上，绝不能回避利益问题。敢分钱，会分钱，多挣钱，这才是一个双赢的利益联盟局面。

不得不说，三流的企业敢于进行合理的利益分配，二流的企业善于引导公平的价值交换，一流的企业勇于打造基于价值创造的利益联盟。

第2节 I 制度导向的联盟文化

大到一个国家、政党，小到一个社区、企业，都需要有一套规章制度才能正常运转。近些年来，国内各大城市围绕"招才引智"出台的政策制度，成了吸引人才、留住人才的基本环境要素。对于一个企业来讲，同样需要建立健全一套吸引人才、保留人才的规章制度，自始至终都以制度的确定性来实施人才管理，而不是主观随意地开展工作。

宏观地理解，制度是管理语言，也是行为导向，更是文化表达。具体地分析，要实现制度留人，打造制度导向的联盟文化，可着重以下三个方面的制度建设。

1.新员工相关的制度

新员工是一个高敏感群体，他们往往用高期望、高标准去体验公司的每一处管理细节。最能体现对新员工重视的制度，就是要与入职引导、培训、转正、成长发展产生强相关，制度越完善，越有利于新员工的融入和保留。大家可以思考或对照以下和新员工相关的制度建设：

- 《新员工管理制度》
- 《新员工入职培训管理制度》
- 《入职引导人管理制度》
- 《内部导师管理制度》
- 《大学生培养制度》
- 《实习生管理制度》
- 《管培生管理办法》
- 《总部直管人员试用期管理作业指引》

- 《新员工成长日志管理办法》
- 《新员工转正述职管理办法》
- 《招聘管理作业指导手册》

2.薪酬福利相关的制度

薪酬福利是一个大体系，基于不同职类、不同层次的员工，制定出丰富而人性化的薪酬福利制度，既能产生激励作用，也能产生保健作用。对大多数员工来讲，可以在制度的约束机制下，与公司形成利益共同体，提升满意度和忠诚度，从而提高人才保留程度。大家可以思考或对照以下和薪酬福利相关的制度建设：

- 《薪酬管理制度》
- 《员工福利管理制度》
- 《考勤管理制度》
- 《休假管理制度》
- 《员工生日会管理办法》
- 《职工退休福利基金管理办法》
- 《绩效考核管理制度》
- 《销售提成管理办法》
- 《人才推荐奖励管理办法》
- 《员工价值积分管理制度》
- 《月度奖金评定管理办法》
- 《年终奖金评定管理办法》
- 《项目节点奖管理办法》
- 《项目超额利润提成奖管理办法》
- 《全员营销奖励办法》
- 《证书补贴管理办法》
- 《股权激励管理制度》
- 《同心共享实施管理办法》

3.职业发展相关的制度

对员工来讲，职业的发展，往往能实现名利双收。所以，越是有资历的员工，越是积极优秀的员工，越会对职业发展产生需求，也就是追求自我价值实现的需求。对员工管理来说，多进行精神鼓励，给予表扬和认可，是一种非常好的日常手段。但如果能给予员工成长、发展、晋升的机会，也是一种极好的激励手段和留人条件。大家可以思考或对照以下和员工职业发展相关的制度建设：

- 《职务职位设置管理办法》
- 《公开竞聘管理办法》
- 《后备人才管理办法》
- 《员工晋升管理办法》
- 《干部管理条例》
- 《优秀员工评选管理办法》
- 《继续教育补贴管理办法》
- 《员工职业发展管理作业指引》
- 《经理人任职管理操作手册》
- 《专家型员工管理办法》
- 《人才培养实施细则》
- 《人才盘点管理应用办法》
- 《人才发展操作手册》

第3节 | 情感导向的联盟文化

电视剧《亮剑》里的人物李云龙，作为一名脾气火爆的指挥官，却也体恤下级，敢打敢拼，不抛弃手下的弟兄，因而广得人心。桃园三结义中的刘关张三人"义为君臣，恩若父子，情同弟兄"，成为团结互助的千古佳话。他们的做法，都实现了情感联盟。

职场中，员工"身在曹营心在汉""这山望着那山高"，原因还是不外乎两点：待遇不够，委屈太多。尤其是"95后"，裸辞成风，原因就是"钱少、心累"。难怪网友调侃："不要大声骂年轻人，他们会立刻离职，但是你可以骂那些中年人，尤其是有车有房有娃的那些。'95后'的父母还年轻，上没老，下没小，谁愿意受这气。"

俗话说，浇树要浇根，留人要留心。

有新闻媒体报道，浙江海宁开箱包厂的老板林某，曾带着新年礼物，驱车5000余公里，前往四川、云南给员工及其家属拜年，让农民工兄弟们感受到了老板的真情，春节后的工厂如期开工，没有流失一个员工。

在星巴克中国，工作满两年的员工，其父母年龄低于75岁的，都由公司全资提供父母重疾保险。

在海底捞，公司给员工父母发津贴，还把一部分奖金直接寄给父母。这样一来，收到奖金的父母也会主动鞭策子女感恩公司，好好工作，不但保留了员工，还激励了士气。

对待留人这个问题，要特别强调各级管理者和HR的作用，各级管理者和HR都应注重情感导向的氛围营造，打造利于留人的联盟文化。

1.日常工作有情商

笔者曾经给一位主管级员工做离职沟通，考虑到这个部门一年来的员工流动率比较大，笔者就问她怎么看待部门经理的团队管理能力，她却不愿意说出得罪领导的话。于是，笔者变通了一下问道："如果有一天，你成了部门经理，你觉得部门经理需要什么样的基本素质？"

她若有所思地回答道："首先要情商高，要想办法把员工笼络住，笼络住人心，干活的事就好办了。"很快，这个员工的回答让我确定了一点原因，这个部门的负责人工作很勤恳，就是不太会用心，在进行团队管理时，不太懂得用情感导向，缺少必要的情感交流，就容易导致较高的人员流动率。

可见，在日常工作中，管理者的情商多么重要。而情商型的管理者和领导者，不一定在专业上非常出色，但一定会注重部门内部沟通，注重对员工的情感联盟。如此，才能驾驭各种专业的人才，稳定地保留团队成员。

2.业余生活有情义

工作中严格要求，生活上多多关心，这是情商型管理者对待下级的又一法则。换句话说，对待员工和下级，除了注重岗位上的引导，更要注重感情上的平等，善于和员工打成一片。特别是工作之余，最好能够忘记身份层级，打破隔阂，积极促进感情交流。

据说，在早期的《华为员工守则》里有一条："公司提倡'吃文化'，上下级和同事之间互相请客吃饭、吃面条，在饭桌上沟通思想、交流工作。"任正非也多次在公司会议上鼓励和要求，谁请下属吃饭多，谁升得就快，铁军的领袖，自古以来都是关爱下属的。

优秀的上级，一定会让下级感到有温度、有理想、有利益。失败的上级，则一定会让下级觉得靠不住、得不到、没情义。

3.关键时刻有人情

改变历史的，似乎都是一个个关键事件和关键人物。对于企业文化，也往往会在关键时刻和有重大影响的关键事件中产生。

在新冠肺炎疫情期间，餐饮业一片萧条，损失惨重。其间，老乡鸡董事长束从轩一段"手撕员工降薪联名信"的视频在网络走红，声称"哪怕是卖房子、卖车子，也要千方百计地确保员工有饭吃、有班上"，一时间赢得无数口碑，甚至很快得到金融机构的信贷支持。这个举动，在关键时刻，就成了关键事件。这位企业家，非常懂得用人情换人心，赢得了员工的感恩和忠诚。

无独有偶，笔者身边的一位企业老总，听说一位女员工因疫情原因家中老人无法返程，孩子无人照顾，无奈申请了离职，于是立即和人力资源部沟通，允许该员工请假一个月，工资正常发放，如果疫情缓解后，员工仍然有家庭困难，可以请保姆，公司报销一半费用。笔者听闻这位老总的做法，不禁点赞，这样有人情味的做法，一定会换得员工的真心对待。

第4节 Ｉ **事业导向的联盟文化**

里德·霍夫曼在《联盟》一书中讲到，雇主与员工之间从商业交易转变为互惠关系，新型的工作模式是公司和个人相互投资的联盟创业模式，只有在这种模式下，精英员工的才智和潜能才能被最大限度地激发，其才能收获最大的工作乐趣和成就感。

简言之，事业导向的联盟模式，就是把就业模式变成创业模式，把员工变成事业合伙人。

海尔推广的"人单合一"，就是把企业变成平台，将员工变成创客，又把企业的股份激励量化到每一位创客，推广"创客所有制"，让每一个创客都有机会成为企业的主人，成为企业的合伙人，形成事业联盟。

韩都衣舍则招聘有想法的创业者，三人为一组，一个客服、一个商务、一个美工，"三人小组"可以在公司的品牌库里挑选款式来卖，每个小组对产品的款式、定价、生产量自主决定，利润按照比例分配（公司三成，小组七成），多卖多得。这种"三人小组"的海星模式，打造了韩都衣舍互联网品牌生态集群，形成了独特的事业联盟平台。

芬尼克兹的创始人宗毅曾经为了做高端游泳池的恒温系统，专门成立了一个生产全钛换热器的供应链公司，鼓励内部员工来这个平台创业。公司运作第一年，投资回报率达到了100%，员工的创业热情被调动了起来。按照这个玩法，芬尼克兹十年间裂变了十家公司，这种内部创业方式，让员工有了创业平台机会和投资机会，形成了事业联盟机制。

海底捞创始人张勇热衷于独立经营的"阿米巴"思维，给所有门店设计出利润分享机制，又将底料生产基地、人事部、工程部、供应链、信息部等部门全部变成独立法人公司，还孵化出新产业 Hi 捞送（火锅外卖）和 U 鼎冒菜（简式单人小火锅）。海底捞这种阿米巴经营模式，成就了好几个上市公司，成就了一大批百万年薪店长，俨然变成了一个以火锅餐饮牵头的创业平台。

碧桂园在每个项目实现净利润之后，扣除占用股东资金利息，拿出其中20%分享给团队，这称作"成就共享"机制。后来，碧桂园所有新获取的项目，总部关键员工和区域关键员工都要强制跟投，非关键员工可自愿选择，当项目获得正现金流后，利润就可分配，所得利润可用于投资下一个项目，也可交给集团公司有偿使用，大小股东同股、同权、同责、同利，这称作"同心共享"机制。碧桂园的"双享机制"打造了一个特别的事业联盟平台，也为保留人才、吸引人才发挥了重要作用，被地产圈争相模仿，成了企业快速扩张的必选手段。

由此可见，无论是股权激励、超额利润分享、项目跟投，还是创客制、合伙人制、阿米巴制、裂变创业制，可供企业选择的事业联盟方式有好多种，可以应用在公司层面、项目层面或业务层面。

当前，一些实力雄厚的大企业，包括阿里、腾讯、小米等，都在进行战略转型和组织探索，积极鼓励和支持员工开展裂变创业活动，从而衍生出众多的创新企业。而持股平台也已经成为企业开展员工持股计划的主流方式，也就是企业给激励对象成立一个或多个有限合伙企业，再间接持有本企业股权的方法。

长远来看，创业型的员工如果没有机会，辞职是早晚的事，企业不如自创一种机制，把员工变成合作伙伴，留下有能力、有创业激情的员工。说到底，企业留人不是问题，如何留住人才才是问题。笔者相信，假以时日，事业导向的联盟文化必将成为主流的用人文化和留人文化。

第5节 I **打造终身联盟文化**

在当下及未来的现实中，很少有企业会"百年长虹"，也很少有员工会"从一而终"。

但众所周知，随着日本在"二战"后的经济复苏与高速发展，终身雇佣制逐步形成并起到了重要作用，专业技能人才大批显现，"工匠精神"大放异彩。然而，到了20世纪90年代，日本经济泡沫破裂，开始步入"失去的十年"。随着越来越强烈的经济全球化和信息革命，设备工艺不断更新，产品技术快速迭代，让终身雇佣制举步维艰，逐渐步入崩溃的边缘。

《绩效主义毁了索尼》一文中指出，"激情集团"消失了，"挑战精神"消失了……试想，哪个企业中50岁员工的积极性比30岁员工的积极性还要高呢？我们并不否认终身雇佣制的历史意义，也不否认资深员工的积极作用，但也不得不认同，士兵老了就要退役，员工老了就要退休。

现实意义是，企业需要"激情四射"的员工，军队需要"虎虎生威"的士兵，打破终身雇佣，走向终身联盟，创造共同利益，追求基业长青。下面几种常见的做法，就非常有助于企业打造终身联盟文化。

1.前员工计划

相信很多企业都会聘用一些"前任"员工，就是曾经离职的员工重新入职。俗话说"好马不吃回头草"，但能让"好马"回头的企业，也不失为有格局、有包容心的企业。

一方面，企业不能简单地将员工离职看作背叛企业。很多员工离职，或有职业的倦怠，或有自身的冲动，或有环境的影响，或有主管领导的排挤，或有特殊的客观原因。但值得注意的是，部分离职员工是被驱逐的"良币"，本来是非常有潜质的人才。另一方面，这些离职员工，离职后或有更丰富的磨炼、更成熟的心智、更高级的能力和学历。这样的"好马"为何不能多多回头呢？他们既能够快速融入团队，省却了企业试用培养的成本，又能够迎来自身职业的第二个春天。

越来越多的企业，发起了所谓的"老兵计划""回家计划""回归计划"等，并且给出"免试用期、工龄累计"的基本条件。在他们眼里，兵是旧的好（听话），将是老的强（实在），积极肯定前员工的贡献和价值，视为家人，敢于联盟。

2. 离职员工同盟

华为有个"华友会"，百度有个"百老汇"，腾讯有个"南极圈"，都是离职员工的同盟组织。阿里巴巴则不同凡响，所有从阿里巴巴离职的员工，工号和花名都保留，并且每隔两年阿里巴巴就邀请离职的"校友们"欢聚一堂，于是就有了中国企业界最为知名的离职员工聚会——阿里校友会。据了解，阿里在职员工近10万人，在阿里体系外也已经有了10万多名的"校友"。

同事叫"校友"，离职叫"毕业"，这样的称呼如同把企业当作学校，把离职员工当作同盟伙伴。像阿里巴巴这样能够坚持召开离职员工"校友会"，又能将"校友文化"充分融于企业发展愿景的，就是一种强势而优秀的联盟文化。

3. 老员工创业联盟

老员工创业，是绕不开的话题。这里的老员工有两层意思：一是离职的老员工或元老员工，二是在职的老员工或元老员工。

一般的企业，不大认同员工离开老平台去自主创业；优秀的企业，却能够积极参与老员工的创业联盟，善于打造利益共同体，成为终身价值伙伴。

对待离职的老员工或元老员工，不能轻易扼杀其与公司形成的感情基础，当员工进行自主创业时，特别是和公司业务生态有关联时，是多一个敌人？还是多一个盟友？不如互惠双赢，即便不能资本联盟，也可以业务合作，成就对方的同时，也能帮助自己。

对待在职的老员工或元老员工，更不能否认其曾经的价值和功劳。有格局的企业不会"割袍断义"，更不会"过河拆桥"。只要不是价值观发生重大分歧或损害公司利益，在面对老员工或元老员工"能力衰退"时，何尝不能通过自身产业扩大，实现"老员工再就业"呢？像华为，就创办了一家提供高端商务服务和整体商旅解决方案的全资子公司，吸纳从前线退下来的老员工或元老员工，在后方继续创造价值。

本章小结

笔者更相信，联盟首先不是法律意义的，而是道德意义的。对很多企业来讲，要探讨的不是留人的问题，而是留人才的问题。少数员工用待遇留，多数员工用制度留，一般员工用感情留，关键员工用事业留，因人而异，因人施策，互惠互利，终身联盟。在多元而人格平等的互联网时代，联盟精神何尝不是一种现实中的进步？

基于人性，利益是必要的，感情也是必要的。我们和母校的关系，战士和军队的关系，都是一种精神甚至价值观导向联盟。而我们和企业的关系，最好能恰如其分地介于中间。人非草木，孰能无情，感情基础万不可少。倘若再加一点科学精神，一套好的留人机制或制度，就是联盟文化的基本内涵。

不能否认，互联网放大了每个人的能力，员工离职越发普遍，员工创业越来越多，同业竞争越来越激烈，前员工体系越来越复杂。我们不能实现拥有全世界，却必须实现世界为我所用。基于理想和现实，需要建立一个基于"选用育留"的企业文化体系（见图7-1）。

管理学者施炜教授提到，中小企业必须在产业链条（网络/生态）中找到结构性的机会和位置，依靠独特专长而存活。同时，嵌入一个更大的产业联盟，主动接受赋能，和联盟内其他企业共同成长。其实，这是一个商业经营逻辑，也是一个员工管理命题，我们不能离开员工联盟，我们必须打造终身联盟。

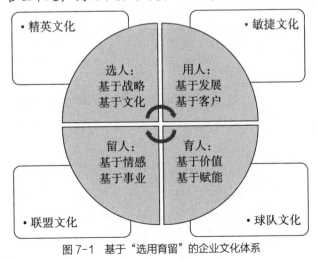

图 7-1　基于"选用育留"的企业文化体系

PART 3

第3篇

优术——企业文化三术修炼

以道驭术，以法藏术，道术合一，法显术见。

在企业文化建设的实践工作中，必须摈弃假把式，使出真功夫。

中国功夫的基本内涵，冬练三九，夏练三伏，刚柔并济，内外兼修。当我们学习一家企业或者学习其企业文化时，不能一下子学得来，而需要慢慢在企业中实践，当作一种由内而外的功夫去修炼。

实战功夫有三重境界：勇者、智者、仁者。企业文化修炼有三层结构：心术、形术、体术。用功，守住有形；用心，融入无形。发于心，出于形，得于体。

企业文化建设的本质就是一种功夫，好功夫是慢慢修炼出来的。

第8章

心术：企业文化的解码逻辑

导语

我们发现，大企业都善于将企业文化建设当作头等大事，如阿里巴巴、华为、京东等。在各种场合，它们的企业文化理念首先被当作特殊的品牌语言，并广为传播。可以说，在企业文化理念认知层面，它们既是探索者，也是实践者，更是受益者，真可谓"念念不忘，必有回响"。

作为一名顶级HR，在企业文化建设方面，首先面临的任务是：如何表达企业战略？如何厘清愿景、使命和核心价值观？如何让自身企业的文化理念体系与众不同？解决这些问题的奥妙，正是要探寻企业文化的语言逻辑，实现企业文化的完美解码。

第1节 ┃ 企业文化解码的意义

企业文化为什么重要？或许并没有一个标准答案。但是，企业在经营发展的过程中，什么是应该一直坚守的呢？应该给客户带来怎样的价值主张？如何实现团队的凝心聚力？

企业文化解码的意义，就是对企业经营管理困惑的一种深层次回答。或者说，通过企业文化解码，让企业文化变得更加有利于公司发展，更加有利于客户价值，更加有利于团队凝聚。

1.企业文化是一种战略语言

我们常说，战略是一种选择，战略是一种定位。比如，相比很多企业的多元化战略，华为属于少有的聚焦战略。同时，华为把愿景和使命充分融合为一体：把数字世界带入每个人、每个家庭、每个组织，构建万物互联的智能世界。华为财报开篇有以下描述：华为30年坚持聚焦在主航道，抵制一切诱惑；坚持不走捷径，拒绝机会主义，踏踏实实，长期投入，厚积薄发；坚持以客户为中心，以奋斗者为本，长期艰苦奋斗，坚持自我批判。我们不会辜负时代慷慨赋予我们的历史性机遇，为构建万物互联的智能世界，一往无前。

对一家企业来讲，战略体现了企业文化的气质，企业文化包含了战略的定位选择，这就是企业文化的战略语言意义。

2.企业文化是一种价值主张

企业的品牌有怎样的基因，是什么定位，产品如何营造口碑，也是和企业文化息息相关的。我们熟悉的小米公司，是一家以手机、智能硬件和IOT（物联网）平台为核心的互联网公司。在创业初期，小米主张"为发烧而生""用户就是朋友"的品牌价值，并成功打造了"米粉文化"。当小米在众多产品领域赢得市场地位，并成功登陆资本市场后，创始人雷军大力倡导"感动人心，价格厚道，让每个人都享受科技带来的乐趣"等价值理念，并融入小米公司的使命和愿景，追求"做用户心中最酷的公司"。不难看出，小米公司对产品"一流品质、低价成本"的定位，是一种战略追求，是一种品牌气质，更是一种价值主张，是小米的企业文化底色。

再伟大的公司，都是对特定的人群提供特定的价值，从真正满足客户需求开始，成长的逻辑背后，是来自企业文化里的价值主张和使命追求。

3.企业文化是一种人才法则

阿里巴巴的"政委体系"和"管理三板斧"，成为业界称道的人才管理法则和文化符号。一方面，"战略、文化、组织"谁都离不开谁；另一方面，企业文化要落地于组织和人才管理，才是最厉害的战略战术。

难怪阿里巴巴强调，公司的"六脉神剑"（六个价值观）对于如何经营业务、招揽人才、考核员工及决定员工报酬扮演着重要的角色，该六个价值观为：

- 客户第一，员工第二，股东第三；
- 因为信任，所以简单；
- 唯一不变的是变化；
- 今天最好的表现是明天最低的要求；
- 此时此刻，非我莫属；
- 认真生活，快乐工作。

第2节 ┃ **企业使命的解码**

管理实践中有一种共识，如果企业不能认真思考自身的目标和使命，就很容易导致经营受挫或失败。管理大师彼得·德鲁克告诉我们，整个组织都需要有共同的理解、统一的方向，管理者的责任首先就是回答"我们的事业是什么""我们的事业将会是什么""我们的事业应该是什么"。德鲁克也明确指出，对企业使命的定义，只有一个焦点，只有一个起点，那就是"顾客"。

通俗地理解，一个企业的使命，就是说企业存在的意义是什么？做事情的出发点是什么？要长期坚守的是什么？也就是我们经常说的"不忘初心，牢记使命"。

创办阿里巴巴的初心，就是"让天下没有难做的生意"。谷歌公司在成立一年时，也明确了公司的使命：整合全球范围的信息，使人人皆可访问并从中受益。"为耕者谋利，为食者造福"是新希望六和的使命。为耕者谋利，即致力于整个产业链的价值共享；为食者造福，即致力于打造安全健康的大食品产业链，为消费者提供安全、健康、味美、可负担的食品，为人类高品质的生活而奉献。

所有负责任的企业使命，都在努力告诉人们，企业为什么而存在，为谁而存在。

一个企业有没有清晰而正确的使命，可通过下表（表 8-1），对不同层级的员工进行调查解码。

表 8-1　企业文化解码调查问卷（使命篇）

序号	问题思考	总结回答
1	公司创立以来，给人们的工作和生活带来了什么？	
2	公司的产品和服务，为什么是重要的？	
3	你认为公司最大的三个优势是什么？	

序号	问题思考	总结回答
4	公司这些优势具有怎样的核心价值？	
5	员工因为什么保持工作热情和奉献精神？	
6	老板或创始团队的社会信仰是什么？	
7	如果行业没有本公司，会有什么样的变化？	
8	如果公司不存在了，客户会有什么损失？	
9	公司除了行业价值，最重要的三个社会价值是什么？	
10	公司和竞争对手对待产品和客户不同的地方是什么？	

对于企业文化解码调查问卷，往往需要进行合并分析，即可完成使命解码，然后对自身企业使命进行总结定义或再定义。一般来说，对企业使命的描述原则有以下几点：

- 利他的：就是从用户角度出发，从他人的视角，来印证我们做的事情和初心；
- 长期的：一般要定位在十年以上甚至永久，才能体现所谓的"初心不改"；
- 适合奋斗的：能反映大多数员工的梦想，能够激发大家为之共同奋斗的事情；
- 易于识别的：具有行业及企业特点，字面意思就有一定的差异化和识别度；
- 自上而下的：大多数使命是创始人/CEO 的内在驱动力，能形成自上而下的影响。

第3节 | **企业愿景的解码**

愿景俗称"远景"，是公司最高管理团队最"愿意看到"的景象，甚至是一种遥远的梦想。

管理学家吉姆·柯林斯提出，真正伟大的公司，要阐明自己的愿景，明白什么应该永恒不变，什么是真正神圣的，我们渴望成为什么，达到什么境界，以及创造出什么。

一个企业需要构建共同的理解、统一的方向、伟大的愿景，可通过下表（表8-2）调查，围绕企业愿景进行分析解码。

表8-2 企业文化解码调查问卷（愿景篇）

序号	问题思考	总结回答
1	你希望公司在社会中成为什么样子？	
2	公司目前有什么样的声望？	
3	公司是因为什么而闻名于世的？	
4	老板曾经夸过的海口有哪些？	
5	公司需要用10—30年才能实现的目标是什么？	
6	用户对公司最赞赏的地方和评价是什么？	
7	竞争对手最折服公司的地方是什么？	
8	同事说起公司的时候，他们的感受是什么？	
9	公司不能被对手轻易超越的核心优势是什么？	
10	公司究竟想成为一家什么样的公司？	

根据企业文化解码调查问卷，在完成愿景解码后，可进行总结定义，描述企业愿景。一般来说，应注意以下对愿景的描述原则：

● **体现了自身擅长的领域**：善用自身独特的战略优势或技术壁垒，构建伟大的愿景；

- 描述了未来成功的样子：用文字作画，描述出公司最美好的未来前景；

- 激动人心的：能够激发大家的热情、活力或某种自豪感，去保持付出和奉献；

- 大家愿意为之奋斗的：呼应使命，体现善意，让大家觉得奋斗是有价值、有意义的；

- 有远大的目标感：或许是10—30年才可能实现的，或许是一种永远的渴望。

第4节 | **企业价值观的解码**

还记得三个石匠的故事吗？彼得·德鲁克在《管理的实践》中提到三个石匠的故事。有人问三个石匠在做什么，第一个石匠回答："我在养家糊口。"第二个石匠边敲边回答："我在做全国最好的石匠活。"第三个石匠仰望天空，目光炯炯有神地说："我在建造一座大教堂。"德鲁克认为，第三个石匠才是真正的"管理者"。同时我们认为，三个石匠不同的回答，正是因为各不相同的职业价值观。

一个企业的价值观，绝不可以仅是"挣钱糊口"，而是要在伟大使命的驱动和愿景的引领下，坚定不移地去创造社会价值，同时满足顾客、员工和股东的需求。

伟大的公司，往往对核心价值观坚守如磐石，甚至经历百余年而一成不变。换句话说，核心价值观必须经得起时间的考验，如有着三百多年历史的同仁堂堂训："求珍品，品味虽贵必不敢减物力；讲堂誉，炮制虽繁必不敢省人工。"

从根本上讲，企业的价值观要充分体现其价值判断原则，是全体成员思想与行为的标准模式。企业价值观的解码定义，可通过下表（表8-3）调查实现。

表8-3　企业文化解码调查问卷（价值观篇）

序号	问题思考	总结回答
1	公司倡导什么样的行为？	
2	公司反对什么样的行为？	
3	公司奖惩什么样的行为？	
4	以上行为，你认为背后的理念是什么？	
5	以上行为，你比较看重的是哪些？	
6	公司吸引了什么样的员工？	
7	公司奖惩了什么样的员工？	

序号	问题思考	总结回答
8	公司提拔了什么样的员工？	
9	当亲朋好友说起公司或其员工的时候，他们的评价往往是什么？	
10	当面临重大困难、挑战甚至危机的时候，公司经营决策层还在坚持的理念和行为是什么？	

在完成价值观解码后，进行总结定义时，应注意以下描述原则：

● 战略互动：价值观能支撑使命和愿景的实现，并且与公司战略有内在的互动性；

● 行为导向：价值观要转化为明确的行为要求，以便执行和落地；

● 明确的立场：价值观要有倾向性而不是中立的，能有助于员工的判断和选择；

● 清晰的定义：能被清晰地定义，不模糊，无歧义，让员工一看就能理解怎么做；

● 永久性与批判性：企业的核心价值观是要永久性坚守的，同时其内涵往往包含了自我批判精神，能不断促进组织的自我进化。

第5节 | **企业文化解码的场景**

我们在前面提到，企业文化解码的意义，就是对企业经营管理困惑的一种深层次回答。如何为了企业而文化？如何为了企业而文化解码？其中的底层逻辑是，基于企业生命周期的假设，实现企业与文化的和谐共振。

在企业生命周期中，不同的阶段，意味着不同的经营场景，需要匹配不同的企业文化解码动作。

1.企业初创期

从顶层逻辑出发，我们的事业是什么？这就是企业的使命，在企业初创时期就应该进行解码，从而明确定义出来。

从底层逻辑出发，企业初创期必须有一个伟大的构想或愿景吗？并不如此。所谓生存才是硬道理，初创企业应该将更多的注意力聚焦在业务和产品本身，寻找市场和客户，保证公司能活下去。

从二者的矛盾点中，我们得出一种基本的生存共识：在企业初创时期，有一种事业使命，有一种基本信念，有一种价值主张，还是非常必要的！比如，"Don't be evil（不作恶）"的价值观，从创业初期就成为谷歌引以为傲的精神信仰，成为一种生存底线。

2.企业发展期

企业通过了基本生存考验，就可能迎来快速发展甚至多元化发展阶段，景象一片大好。然而，危机往往隐藏在繁荣之中。快速发展的企业，可能在市场开拓方面非常激进，可能偏向机会主义或绩效主义，可能对使命和价值观的坚守发生松动。索尼、安然、优步等企业的历险故事，无不说明了这个道理。

在企业发展期，要认真塑造企业文化曲线，全面对企业使命、愿景、核心价值观进行解码，变成全体成员的成长共识，正确引导企业发展。比如，《华为基本法》在1996年变成华为公司的"管理大纲"，1998年正式通过发布。回头来看，华为在创立十年之后，用了三年时间进行"文化解码"的大动作，在下一个十年里，产生了巨大的文化价值和管理价值。

3. 企业转型期

现实的企业经营，通常十年就是一个周期。而某种程度上，企业的生命周期，就是企业产品的生命周期。一些企业在成立十年或者二十年的时候，原有的技术和产品惨遭市场淘汰，或者商业模式遇到瓶颈，经营发展受阻，甚至生存岌岌可危。这个时候，企业必须进入转型期，不仅需要业务转型、组织转型、战略转型，还需要企业文化转型，需要通过企业文化解码及配套动作来助力转型（见表8-4）。

表 8-4　企业生命周期解码动作表

解码动作	初创期	发展期	转型期	衰退期
企业文化解码是否必要	是	是	是	否
企业文化解码立足点	使命	使命 愿景 核心价值观	使命 愿景	核心价值观
配套动作	市场定位	战略定位 管理变革	战略转型 管理变革 组织调整	社会责任 企业家精神

企业每跨过一个周期，就面临一次新的创业，就需要进行一次企业文化解码，特别是对愿景和使命进行再定义。经历过丑闻事件的Uber公司新任CEO曾说："那些造就了今天的Uber的很多文化和方法是无法将公司带往下一个更高的阶段的，在我们从一个不惜一切代价实现增长的时代转变为一个负责任的增长时代时，我们公司的文化也需要随之进化。"创立于1981年的TCL集团，四十年里进行过四次大变革，如今仍在推进企业战略转型和品牌文化重塑。

华为在创业的第四个周期，把新的愿景和使命确定为"构建万物互联的智能世界"，替代了"丰富人们的沟通和生活"。美的集团在成立50周年之际，发布了"科技尽善、生活尽美"的新愿景和"联动人与万物，启迪美的世界"的新使命。至于说企业转型要不要改变价值观，笔者认为可以升级完善，不要轻易改变。阿里巴巴在成立20周年之际，就把原有的"六脉神剑"，调整升级为"新六脉神剑"。

4.企业衰退期

企业衰退不仅是一个结果，更是一个过程，是一个阶段周期。

早在2000年，史玉柱的巨人集团就已被写入吴晓波的《大败局》之中。然而"传奇"的史玉柱，依靠脑白金和黄金搭档东山再起，经历了从"中国首负"到"中国首富"的跌宕起伏，创造了一幕中国创业奇迹。谈起企业文化，史玉柱曾说道："回望过去，我懂得了制度和企业文化建设的精髓。关于企业文化建设，即使你的制度再完善，如果没有企业文化的配套与补充，企业管理也将是徒劳。"

一个企业成功了，失败了，又成功了，又会如何失败呢？当企业所有的转型尝试都以失败告终，就必然步入衰退期，此时此刻，或许再没有一种企业文化能够挽救企业生命，企业文化解码也就变得不再必要。

那么，企业文化就失去了意义吗？非也！

一个成功过的企业，必然实现了企业文化的经营管理价值，其教化意义必然源远流长，如华为、万科、阿里巴巴。一个失败过的企业，也必然存在值得鼓掌的地方，其教化意义依然存在，如巨人、顺驰。无论如何，一个企业由核心价值观组成的"优良习惯"，能够一代又一代流传的"精神传统"，就是人间最宝贵的东西。

本章小结

企业文化解码，并不局限于企业使命、愿景、核心价值观，因为企业文化理念是一个庞杂系统，还包括了经营理念、发展理念、人才理念、管理方针、经营哲学等。然而，从使命到愿景，再到核心价值观，是企业文化理念的"太极点"，所谓"一生二，二生三，三生万物"，毋庸置疑，企业文化的"理念体"和"哲学体"均需要与之呼应。

尴尬的是，虽然很多企业都有追求基业长青的愿景，有发展更健康、更长久的理想，但或许没有一个企业能真正基业长青，也没有一个企业的愿景能够持续影响30—50年。

但我们绝对不能否认企业文化的经营管理价值，绝对不能否认企业文化解码动作的意义。

有着"中国巴菲特"称号的段永平提到，许多企业家都好大喜功，急功近利，动不动就要做世界500强，但是缺乏长远的目光和持续发展的愿景，没有把企业文化的"内功"练好，所以出问题是早晚的事。

企业文化"心术"修炼的意义在于，通过企业文化解码，让企业文化的共识达成，让企业的核心价值观落地。使命是驱动力，愿景是领导力，核心价值观是凝聚力。使命的出发点是别人，愿景的出发点是自己，核心价值观的出发点是大家。

在一个企业里，当大家都相信共同的东西并持续付诸行动时，企业文化才谈得上成功。

第9章

形术：企业文化的美学修养

导语

我们常说，一个人的外在相貌可能受内在心地或心境的影响。企业文化的形象则是企业文化理念的视觉化呈现，所谓"发于心，出于形"。

不得不说，人都是视觉感官动物，当今的时代和社会，越来越具备视觉化特征。在我们的工作和生活中，我们的目光所及，有越来越精致的视觉设计，越来越丰富的唯美创意。我们的企业文化建设，也不再是干瘪的语言，不再是晦涩的文字，不再是保守的表达。

企业文化的形象和气质，企业文化的情感和表达，企业文化的内外价值，都将成为一种美学修养。

第1节 ┃ **企业文化形象美**

对个人来讲，形象是外表与内在的结合，是一种综合素养的体现，但首先表现的是身材长相、衣着妆容等外在形象。企业形象则是企业展示出来的有关环境、团队、产品、公共关系等总体品牌印象，但人们更容易对办公环境、厂容厂貌、色彩应用等外在的视觉印象产生好感。

无论对个人还是对企业来说，形象都能够展示出一种自信、尊严、能量，形象是个人发展的加分项，也是企业文化的加分项。

人是文化的主体，员工是企业的主体，因此，形象美的塑造，首先应该立足以下几点来实现。

1.标识形象美

企业标识，就是我们常说的企业徽标、企业LOGO，是企业形象的标志性符号。

我们看到一辆轿车的车标，就能判断出这辆车的档次和价格；我们看到一个包装上的LOGO，自然会关联到一个企业。因此，我们对LOGO的感受，就是对一个企业的感受，就是对企业品牌的感受，如看到了"企鹅"就想到了腾讯公司，看到"咬了一口的苹果"就想到了苹果公司。

企业标识能与企业形象互相赋能，既代表着品牌价值，又引领着消费者的心智。所以，越是知名的企业，越要讲究LOGO的形象美感。

标识形象一定要简洁、明确、有象征意义、便于记忆、感觉良好，千万不要创意模糊、色彩黯淡、图文引发歧义或违背社会常识伦理。

2.环境形象美

盖洛普的一项调查显示，在对办公环境强烈不满意的员工中，有63%的群体缺乏敬业度。常识也告诉我们，员工在一个整洁、有秩序的办公环境中，会有更美好的感受，有利于认真高效地工作。

当下，我们居住的社区环境和城市的整体面貌，越来越注重绿化美化，越来越注重文明卫生，越来越体现出形象美感。现实中，建筑工地的内部环境也变得越来越有序，外围环境也很注重卫生和形象，除抑制扬尘的措施外，大多用绿色围挡，并进行社会公益或价值观理念宣传。

环境影响行为，企业环境变化了，员工行为也会变化。给员工营造一个整洁的、宽敞的、明亮的、既连接又私密的、满足身心需求的工作和生活环境，是一种企业形象的美学表达，也是一种人性化关怀的体现，更是一种积极向上的企业文化暗示。

3.色彩形象美

我们常说人是"好色之徒"，是因为在人们看到物品时的第一印象中，色彩感觉占80%，造型感觉仅占20%。比如，在"金拱门"的色彩形象氛围中就餐，会有一种温馨、祥和、美味的感觉，要比在没有色彩形象的快餐店体验好很多。企业形象如果忽略色彩形象，那就大错特错了。

企业除了要考虑行业属性、产品属性，匹配合适的色彩之外，还要对色彩进行充分的应用，并追求极致的美感。比如，美团的标准色在2019年从"绿油油"变成了"黄澄澄"，更具行业特色，更显热情温暖和充满生活气息。支付宝在2020年升级新LOGO之后，支付宝App的界面和应用按钮也全部换成一致的新蓝色，有一个细节就是浅蓝的色彩变得更蓝，更亮，更彻底。

4.员工形象美

毋庸置疑，良好的员工形象就代表着良好的企业形象，一方面是精神面貌，另一方面是衣着形象。俗话说"人靠衣裳马靠鞍"，通过工装来提升员工形象不失为一条捷径。所以，很多企业有定制的工装，通过一致的工装形象提升了员工形象，从而也提升了企业形象。

重视员工形象的企业，往往会在员工工装的品牌、款式、面料、功能等方面下足功夫。比如，顺丰快递员的耐克工装就引起过广泛关注，不少网友直呼"超有范儿"；顺丰同城的"铠甲战士"整套工装则从实用主义出发，包含头盔、外套、裤装，融合"机能风"的潮流风格，既美观舒适又安全实用，打造出了一种工装美学主义。

花样年集团在2020年发布的一份文件中通知："即日起，公司取消对员工日常上班的着装规定，不再要求西装革履，鼓励大家穿得美一点！公司高度注重艺术气质与实用美学，尊重并追求个性表达，公司美，产品美，最重要的是创造这些的人要更美。花样年，要你美！"

不得不说，这家企业的做法别出心裁，起码表达了一种观点：美的形象，是一种企业文化追求！

第2节 | 企业文化气质美

俊男靓女，可能有非常好看的五官身材和衣着打扮，却不一定耐看，有的人虽没有出众的相貌，却有着举止不凡的魅力和气质。可见，形象来自外在，气质则源于内在；形象是气质的最小基础，气质是形象的最大升华。

企业文化的形象之美，在于标识、环境、色彩、员工风貌等外在的风格。企业文化的气质之美，在于理念、精神、价值观等内在的魅力，更多体现的是对待员工、对待管理、对待社会等各方面的基本态度和假设。

企业文化的气质类型林林总总，虽然没有绝对的好坏之分，但要体现企业的核心价值观，要贴近人性道义的审美，要与时代社会共融共鸣，内外兼修，美美与共。

1.务实奋斗的气质

大人不华，君子务实。可以说，务实是中国农耕文化的基本底色，是优秀的民族精神。在纪念五四运动100周年大会上，习近平总书记指出："奋斗不只是响亮的口号，而是要在做好每一件小事、完成每一项任务、履行每一项职责中见精神。"诸如"空谈误国，实干兴邦""撸起袖子加油干""不驰于空想，不骛于虚声""只争朝夕，不负韶华"等一系列经典寄语，都体现了国家领导人对全国人民"务实、奋斗"的精神引领。

对企业来讲，务实和奋斗，是永远不该褪去的文化底色。华为公司追求"以奋斗者为本"的企业文化，并作为人力资源管理的纲要主题。阿里巴巴为中小企业合作伙伴设置的"金牛奖"，则是对全球中小企业务实奋斗的精神写照。这些做法，正体现了务实奋斗的企业文化气质。

2.自由创新的气质

创业创新，是政府工作报告中强调的内容，也是企业的基本生存动能。以尊重员工为前提的创业创新，就是自由创新的基本气质。

在大家的印象中，谷歌好像是一家懒惰的公司：可以带条狗上班，不用穿得西装革履，不用上下班打卡，每年可以享受十五天带薪年假等。其实不然，谷歌这样的"懒人福利"恰是追求"自由创新"的精神，谷歌在创新上可是全球领先的公司，如人工智能、自动驾驶。

海尔公司的"人单合一""创客中心""HOPE平台"等理念措施，引领诸多公司模仿跟进，充满了以创新为核心的企业文化气质。小米公司自成立以来，开了一个又一个先河。雷军则坦言小米创新的三个支撑点：热爱、精益求精、和用户交朋友。

3.个性化的气质

个性化的企业文化气质，更多指的是尊重员工的个性化需求，是一种"人性化"的企业文化风格。

追求自由创新的企业文化，本身带有一种个性化气质。比如，满足员工的空间功能需求，满足员工的精神娱乐需求，满足员工的体育健身需求，等等。

但个性化的气质不拘一格，不止一种。只能说，每个年代的年轻人加入企业，企业文化的气质必须有新的蜕变，否则就容易扼杀自由创新的精神，无法同步时代发展的要求。

4.真善美的气质

在有些人眼里，社会像是个名利场。但生活总会充满希望，黑暗总会被光明照亮。

在德胜洋楼公司的企业文化理念中，明确指出"诚实、勤劳、有爱心、不走捷径"。公司坚信制度只能对君子有效，并坚持把员工当君子对待。比如，财务报销不需要领导签字，上班不需要打卡，可以自行调休，可以请长假去另外的公司闯荡，最长可达3年，保留职位和工龄。

在胖东来公司的行为准则里，强调"扬善、戒恶"，追求"爱、自由"，提倡员工保持"真诚、善良、阳光、勇敢、正义"的态度。

当代作家周国平说："理智上求真，意志上求善，感情上爱美，真善美，人类古老而常新的精神价值，应该成为高贵心灵的追求。"追求真善美，对一个企业来讲，企业文化的教化意义不正在于此吗？

5.民族复兴的气质

实现中华民族伟大复兴，成了中国近代以来最伟大的梦想。当今时代，需要一批批怀有民族复兴梦想的企业家，需要一点点打造民族复兴的企业文化自信。

方太公司大力推行中国儒道文化，在工业园建了孔子堂，号召中高层带头读《论语》，组织广大员工开"三省会"等，可谓民族文化复兴的践行典范。

格力公司"让世界爱上中国造"的品牌诉求，积极响应了国家领导人的殷切寄语："中华民族奋斗的基点是自力更生，攀登世界科技高峰的必由之路是自主创新，所有企业都要朝这个方向努力奋斗。"

面对美国政府的科技封锁，国家教育部顺势推出"强基计划"。面临被持续打压的艰难时期，华为公司启动"南泥湾项目"，迎难而上，坚强出击。笔者想，这正是中国企业的奋斗情怀，也是民族复兴的伟大气质。

第3节 | 企业文化情感美

以前我们常说"以人为本"，是企业对待员工的至上态度和情感。如今我们常说"以客户为本"，则是对待客户的基本态度和情感。在员工和客户之间，企业没有单选项，因为在当今时代，情感需求成了员工的基本需求，产品体验成了客户的基本诉求。企业极力满足员工和客户的情感需求，在促进内在竞争力的同时，也滋养出企业文化的情感之美。

一般的企业文化，立足于满足员工的情感需求。优秀的企业文化，立足于满足客户的情感需求。企业文化情感之美，体现在员工和客户方面，也体现在制度、管理和产品之中。

1.制度中的情感

有人说，制度是刚性的，情感是柔性的，二者是对立的，怎么能在制度中存有情感呢？

其实不然。如果说流程是为了管事，那么制度则是为了管人，基于管人的制度，又岂能抛弃情感？或者说，制度中存在的情感，不是为了约束人、控制人、惩罚人，而是为了信任人、保护人、激励人。比如，在《德胜员工守则》里，在"质量督查人员制度"中提到质量督查人员的必备条件：不溜须拍马，不欺上瞒下；在"施工安全及劳动保护措施"中提到拒绝工作的条件：工作人员如发现劳保用品、劳保设备欠缺，或质量太差，或陈旧得无法使用时，可以拒绝工作，直到一切劳保用品配全后方可复工。类似这样的"制度"，不正是一种满足员工需求的美好"情感"吗？

2.管理中的情感

企业管理依赖于制度，但类似德胜洋楼的企业并不具有普遍意义，那些充满"情感"的制度也不具有普适性。但是，即便在刚性的制度之下，也不可缺少柔性的管理元素。比如，企业策划实施的新员工交流会、民主座谈会、员工生日会、亲子运动会、家庭开放日等。

另外，管理者和领导者营造的组织氛围导向也至关重要，美好的组织情感应该是轻松的、愉悦的、信任的，而不是压抑的、隔阂的、猜忌的。有些企业部门之墙牢不可破，员工关系处处是江湖气息、拉帮结派；有些企业内部称呼"去总化""昵称化"，上下级也可以轻松沟通、坦诚相待。领导者的责任是营造氛围，就是要营造美好的管理情感。

3. 产品中的情感

充分满足客户的体验需求，往往体现了企业在产品或服务中倾注的情感。在如今的时代，产品的竞争不是在功能和技术方面，也不仅仅是在质量和价格方面。在不同品牌的同类产品功能、技术、质量、价格等方面都十分相似的情况下，影响产品竞争的核心因素，往往就取决于"情感需求"。比如，产品的个性化造型、人体工程学设计、仿真的人性化互动等。

现实生活中，连一次性纸杯的包装风格都充满了"情感"和"美感"。某品牌纸杯的杯体上，既有生动活泼的青春卡通形象，又有诸如"自得其乐，有何不可""世界的霓虹，留给说走就走的灵魂""细细品味，慢慢生活""既然一言难尽，那就一饮而尽"等个性化的词语，以充分迎合消费者的情感，为产品使用场景营造体验美感。

第4节 | 企业文化价值美

微观地说，企业由员工组成，企业文化的核心在于团队价值观的管理。宏观地说，企业是社会的器官，企业文化的核心则在于社会价值观的管理。企业文化整体的功能价值，也在于个人价值与集体价值一致，集体价值与社会价值一致。

当今的时代，是奋斗者的时代，是价值创造者的时代，是追求美好生活的时代。这些基本的价值逻辑，决定了企业文化的价值特征。任何一家企业，都不应该违背道德伦理，违背社会价值导向。

在互联网行业，腾讯是率先公开倡导"科技向善"的公司，这意味着互联网公司的科技伦理观从"技术无罪"到"技术中立"再到"科技向善"，完成了转折和升级。字节跳动公司的抖音短视频平台推出了"向日葵计划"，旨在从内容审核、产品、运营、对外合作等多个维度推进未成年人保护，通过强化专项审核，对侵害未成年人权益的行为进行顶格处罚。同时，抖音平台升级了未成年人管理工具，以及内容运营推荐功能，对知识科普类、传统文化类视频进行加权推荐，助力更多适合青少年的优质内容传播，也体现了"科技向善"的社会价值。

在地产圈，无论是融创从"中国高端精品生活创领者"到"中国家庭美好生活整合服务商"的战略升级，还是碧桂园从"给您一个五星级的家"到"为全世界创造美好生活产品的高科技综合性企业"的定位表达，众多企业谋求战略转型，重塑品牌诉求，表达的正是顶层的社会价值导向。

近些年，还有更多的企业，通过企业文化的升级或再定位，明确表达了美好的社会价值诉求：

- 步步高集团：共创美好生活（企业使命）。
- 新希望集团："一个使命"是"希望，让生活更美好"；"两个愿景"是

"智慧城乡的耕耘者，美好生活的创造者"。

- 美的集团：科技尽善、生活尽美（企业愿景）；联动人与万物，启迪美的世界（企业使命）。
- 腾讯集团：用户为本，科技向善（使命和愿景）。
- 京东集团：客户为先、诚信、协作、感恩、拼搏、担当（企业价值观）。
- 旭辉集团：用心构筑美好生活（企业使命）。
- 方太集团：人品、企品、产品，三品合一（价值观）；为了亿万家庭的幸福（企业使命）。
- 东风汽车：致力于科技创新为人们提供愉悦的出行体验（企业使命）。
- 东风日产：More for Good；创进未来，乐享美好（文化定位）。
- 小米公司：始终坚持做"感动人心、价格厚道"的好产品，让全球每个人都能享受科技带来的美好生活（企业使命）。
- 海底捞："一个中心"是双手改变命运；"两个基本点"是以顾客为中心，以"勤奋者"为本（企业价值观）。
- 建业集团：根植中原，造福百姓（企业价值观）。
- 东方雨虹：真、善、美（企业价值观）。

第5节 ｜ **企业文化表达美**

从企业经营的角度看，文化与战略相辅相成；从企业管理的角度看，文化和制度相辅相成；从企业形象的角度看，文化和品牌相辅相成。总之一句话，企业文化无处不在，企业文化无所不能。同时不难理解，企业文化的应用传播无处不在，企业文化的价值影响也无时不在。

在现实中，企业文化的本质没有好坏之分，但企业文化的表达有美丑之别。企业文化的形象、气质、情感、价值，有内在的美，有外在的美，但必须在平衡中可持续实现。企业文化的表达，要么是糖衣，要么是炸弹，可以让企业文化增添外在美感，也可以让企业文化美感分崩离析。不过分地说，企业文化表达美不美，是影响企业文化美学平衡（见图9-1）的关键砝码，是打破平衡的"最后稻草"。

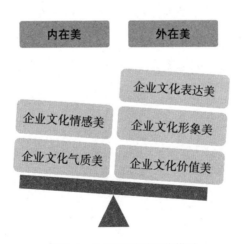

图9-1 企业文化美学平衡模型

比如，有些企业为了惩罚员工没有完成业绩，让员工生吃蚯蚓、生吃鸡蛋、剃光头、跪地爬；有些企业为了庆贺业绩，在年会上现场撒钱，把人民币粘成斗篷；有些企业为了给员工鼓舞士气，在培训项目中让员工骂自己不要脸、互相扇耳光、喝马桶水……可以说，这样的企业并不懂得东方智慧，不懂得文化之美，这样的文化表达是一种"有毒文化"，是一种"炸弹文化"，破坏了企业的社会价值，给企业的品牌形象抹了黑。

相反，聪明的企业，优秀的企业，深谙人性，追求真善美，并通过企业文化表达让自身的文化美上加美。比如，哔哩哔哩（B站）在五四青年节策划的品牌推广作品《后浪》，充分表达了积极向上的青年精神和价值观审美哲学，引起了社会共鸣。又如，在2020年清明节的国家公祭倡议中，抖音短视频平台积极响应号召，屏蔽了所有的娱乐内容，主推社会正能量作品，以表达全国各族人民对抗击新冠肺炎疫情斗争牺牲烈士和逝世同胞的深切悼念。往深处说，这些互联网内容平台企业，担当着时代重任，对社会价值观起着重要导向作用。同时，平台企业的内容传播导向，也是企业文化价值的表达追求。

对大多数企业来讲，优秀的企业文化需要通过美好的表达来体现。可以通过平面创意、视觉创意、文字创意，也可以通过产品包装、服务措施，甚至可以通过实实在在的公民行为，来传递企业自身坚守的价值、坚守的情怀。

形象不是事物本身，而是人们对事物的感知。表达是外在的手段，表达又是内在的价值。没有成功的企业，只有时代的企业，我们生活的时代，就是最美好的时代。相信美好、拥抱美好、表达美好、创造美好，是一种无比美好的企业文化价值追求。

本章小结

对企业品牌形象而言, 企业文化已成为核心要素, 甚至是一种社会价值标签。

从形象看文化, 从文化谈形象。不得不说, 美学的应用已渗透到社会消费、生产生活及企业管理活动之中。企业文化的内涵, 从理念到创意, 从活动到传播, 也越来越多地融入美学元素。不夸张地说, 审美会更加充分地融入当今的时代体验中, 成为企业的一种竞争力。

如果说海底捞靠服务出彩, 华为靠研发领先, BAT (百度、阿里巴巴、腾讯) 靠生态发展, 那它们的企业文化里, 一定有出彩的东西, 有领先的地方, 更能够支撑企业的发展。在它们的核心竞争力中, 企业文化已然成为不可分割的一部分, 它们的品牌形象和企业文化共生共荣。

当我们称赞一家企业, 称赞其企业文化时, 打动我们内心的东西是什么呢? 可能是一项服务的细节, 一项产品的功能; 可能是一系列人性化的制度, 满意的福利待遇; 也可能是一种良好的印象, 一次充满人情味的互动……无论如何, 那一定是和形象、气质、情感、价值、表达等相关的东西。

为了企业而文化, 企业文化之美, 不是包装, 更不是刻意包装, 而是一种内涵, 一种哲学, 一种修炼。

第10章

体术：企业文化的行为标定

导语

炉火纯青的功夫修炼，是一个发于心、出于形、得于体的过程，最终得以传神。

一个具有优秀文化的企业，是一个"心术、形术、体术"逐层修炼到位的企业。有内在的企业文化理念体系支撑，有外在的企业文化形象牵引，最终体现企业文化的行为影响，体现自身企业文化的神韵。

在《老HRD手把手教你做企业文化（实操版）》中我们提到，通过管控体系、权责体系、制度体系、干部行为、员工行为塑造行为规范。在本书第一部分，我们提到企业文化的内生态活力，必须集老板的思想力、高层的领导力、中层的支撑力、员工的执行力、HR的影响力为一体。在此，我们有必要进一步思考，企业文化对塑造组织行为的关键点是什么？实现路径又是什么？

个体行为的背后，是动机；群体行为的背后，是领导力；组织行为的背后，是企业文化。反过来讲，企业文化对组织行为有着标定的作用和意义。

第1节 | 企业文化促进领导力

从源头论来讲，企业文化从根本上是被组织领导者创造、嵌入、发展的。

如果说，一切资源终将枯竭，唯有文化生生不息，那么一切组织和个人的荣耀与衰落，皆源于领导力。"企业文化之父"埃德加·沙因也认为，企业文化创造和管理的动态过程，正是领导力的精髓，领导力和企业文化是一枚硬币的两面。

我们可以理解为，领导力影响企业文化，企业文化影响领导力，领导力是影响企业文化的首要组织行为要素，企业文化首先要对领导力产生行为标定作用。

1.用愿景唤醒领导力

我们提到过"愿景是一种领导力"，是因为卓越的领导者不是在用金钱激励人，而是用愿景激励团队。领导力专家沃伦·本尼斯也认为，组织领导者所特有的能力范围和待人技巧有四种：通过愿景唤起专注，通过沟通赋予意义，通过定位取得信任，通过自重和沃伦达因素实现自我调整。

在华为的变革模型里，把"战略愿景的精神牵引力"作为重要模块，体现了愿景和战略的互动，能有效牵引团队和企业积极变革的意义。华为之所以能成为世界级的企业，不也和"世界级企业"的追求目标有关吗？

一个企业，如果管理干部认为职位或权力才意味着领导力，那一定是最低级的领导力，也意味着僵化压抑的企业文化。而优秀的企业文化，伟大的企业愿景势必能够唤起管理者对战略的专注，唤醒管理者对组织目标的关注，从而最大限度地发挥领导力作用。

2.用使命去驱动领导力

愿景是领导力，使命则是驱动力。

对企业家来讲，巨大的使命感，能变成巨大的驱动力，变成对工作和事业的信仰，并转化成一种领导力。

在华为的组织文化建设中，有这样三句话："高层要有使命感，中层要有危机感，基层要有饥饿感。"任正非解释说："光是物质激励，就是雇佣军，雇佣军作战，有时候比正规军厉害得多。但是，如果没有使命感、责任感，没有这种精神驱使，这样的能力是短暂的，只有正规军有使命感和责任感驱使才能长期作战。"

因此，华为立志把数字世界带入每个人、每个家庭、每个组织，构建万物互联的智能世界，正是一种驱动全体员工坚定为客户、为社会、为股东、为国家、为人类作贡献的使命感。

需要说明的是，使命感的本质是利他性，企业不可能随便用一句口号去伪装使命，没有真正的使命感，则没有真正的领导力。

3.用价值观去约束领导力

愿景是领导力，使命是驱动力，价值观则是凝聚力。

在京东的人力资源管理体系中，有"用四张表打天下"的说法，其中第一张表就体现了能力价值观体系：价值观第一，能力第二。

华为的核心价值观主要包括三个方面：以客户为中心，以奋斗者为本，长期坚持艰苦奋斗。华为不断强化"为客户服务是华为存在的唯一理由"，不断提升员工的客户服务意识并深入人心，强化以责任结果为导向的价值评价体系和良好的激励机制。

价值观作为企业成员共同的价值主张和行为标准，必须通过一定的约束力才能保持。企业提倡什么、反对什么必须明确，尤其是对待管理干部要紧盯价值观，紧盯中高层管理者对价值观的践行情况，才能释放静水流深的领导力，保障企业持续发展前行。

综上所述，企业文化的行为标定，从根本上讲，要通过企业愿景、使命、价值观促进领导者的"再认知"，领导者反过来促进企业文化的"再定义"，形成不断创新、动态变革的发展局面。

　　需要说明的是，企业文化与领导力的互动效果因企业发展周期不同而产生层次差异（见图 10-1），如初创期的企业，企业文化尚未生长成熟，其作用有限，并不足够影响领导力，反而受制于领导力。待企业发展成熟之后，企业文化则可生长为一种自我循环驱动状态。

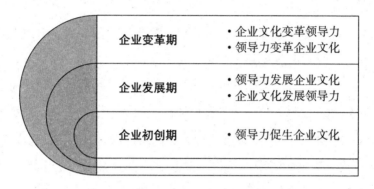

图 10-1　企业文化与领导力的互动层次

第2节 I 企业文化营造沟通力

组织沟通是管理的基本点，企业文化则是管理的制高点，组织沟通最能表现企业文化，企业文化最能影响组织沟通。

评判一个企业的沟通力，可以从两个方面着手：沟通机制和沟通氛围。显而易见，机制和氛围都不是一下子就形成的，和企业文化一样，都是逐步建设而来，逐渐生长而来。如此，企业文化建设与组织沟通能力建设就成了强相关。比如，员工在企业里的感受怎么样？同事之间如何相处？上下级之间怎么沟通？通过组织沟通的相关现象，就可以感受和判断企业文化。

进一步讲，组织中70%的问题是由沟通障碍引起的，组织管理者70%的时间要用在沟通方面。现实中，通过沟通，解决工作问题；通过沟通，疏通人际关系；通过沟通，理解公司战略意图；通过沟通，实现领导力的作用和意义。

对不同个体来讲，沟通能力和沟通技巧存在差异，也促成了不同的职业素养。对不同组织来讲，沟通机制和沟通氛围也不尽相同，若想促成良好的管理风格和管理效果，必须主动通过企业文化建设进行沟通行为标定。

鉴于不同企业有不同的企业文化背景，很难说哪个企业的沟通机制和氛围更加出色，但只要是有利于打造良好沟通力的企业文化建设，都是值得借鉴和推广的，如下列借鉴性较强的沟通机制或企业文化特色：

- 联想集团较早落实的称呼去"总"化；
- 万科集团的"十二条沟通渠道"；
- 中南集团的季度"观照会"；
- 阿里巴巴推广的"政委体系"；
- 阿里巴巴的离职员工"校友会"；
- 阿里巴巴的"江湖花名文化"；

- 华为的心声社区（自称华为的罗马广场）；
- 华为早期提倡的"吃文化"，鼓励管理干部请员工吃饭；
- 恒大集团的"万人运动会"；
- 双童吸管总经理和高管集中办公；
- 个别公司推广的总经理午餐会；
- 个别公司提倡的"开门办公"。

对大多数企业来讲，认真对待人与人之间的沟通关系，并将其视作企业文化的一部分，就具备了沟通力建设的初心。无论是从新员工沟通座谈、内部导师沟通座谈，还是管理干部的批评与自我批评会议，无论是一次员工会议，还是一场公司年会，都是表达企业文化、提升组织沟通力的绝佳机会。

企业文化与领导力共生，企业文化与沟通力共荣，积极建立沟通机制，持续改善沟通氛围，就能够体现企业文化与沟通力的互动作用（见图10-2），激发良好的组织行为价值。

图 10-2　企业文化与沟通力的互动作用

第3节 丨 **企业文化提升执行力**

经营管理者经常说，没有执行，一切都是空谈。有关研究也表明，70%的管理者不是因为糟糕的战略，而是因为糟糕的执行而失败的。

一个企业，有卓越的领导力，有优秀的沟通力，有良好的执行力，总会是一个优秀的企业。用个极端的假设，公司有三流的领导力，二流的沟通力，一流的执行力，也有极大的成功概率，要比三流执行力的成功概率更大（见图 10-3）。

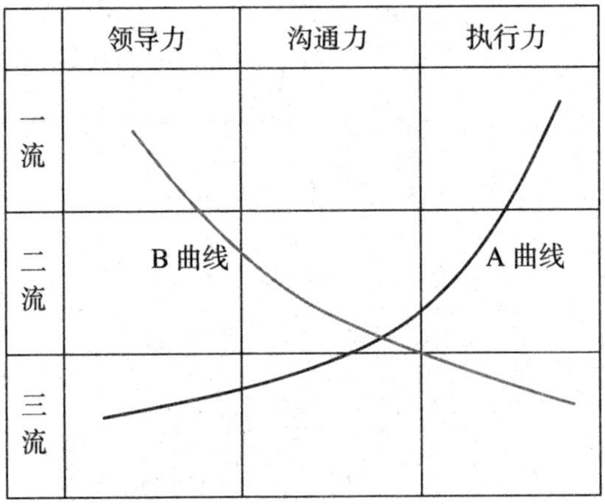

图 10-3 领导力、沟通力、执行力分布曲线

基于企业做文化，企业文化要促进领导力，营造沟通力，还要提升执行力。

其实，领导力突出的企业，有自觉的执行力，沟通力突出的企业，有高效的执行力。企业管理体系中的管控、命令、纪律、制度、流程、考核、授权等，都有助于执行力的打造和提升。

关于执行力的"论调"很多，比如"无为而治""其身正，不令而从"等，又如"执行力是淘汰出来的""员工不会做你要求和期望的，只会做你关注和检查的"等。最为关键的是，执行力不是空中楼阁，要把执行力文化做到实处，从经营管理的日常出发，让企业文化变成执行力基础，让执行力变成企业文化成果，要重点关注以下三个方面。

1.高效的会议

知乎上曾有个关于开会的话题引发热议："开会要用四个小时，该不该辞职？"也有很多网友吐槽："我不是在开会，就是在去开会的路上。"事实上，企业的管理层有40%—50%的时间是和会议相关的，所以大家对会议最集中的槽点就是"开会就是浪费时间"。

作为一种沟通决策方式，会议无可避免，但公司的会议文化需要有意识地牵引，如要求参会成员提前熟悉会议议程，不迟到早退，不得接听电话等。比如，万达的会前准备就非常详尽而精确，精确到可以想到的任何细节，确保会议的高效进行，同时会议内容及过程也是精确控制的，不会浪费时间。

有效，是会议的基本原则；高效，是会议的文化导向。不过，会议过程的高效，只是成功的一半，还有一半功夫在会议结束之后。比如，万达开会的最大特点就是会后总结，会议内容将录入信息系统，并显示完成进度，确保与会内容能在会后真正得到落实。

简练高效，用数据说话，不浪费时间，闭环管理；会必议，议必决，决必行，行必果。高效的会议文化，大抵如此。

2.科学的工作法

对企业而言，工作法就是组织运作的方法，包括经营管理的体系、管人管事的模型等。比如，碧桂园的"567"管理法、"123"管理法、区域"1212"管理法、项目实施"4568"管理法、开盘销售"789"法、"143"投资策略要点等。

一个企业，如果有一套自身独有的工作法，足以说明其管理的科学性、系统性、实践性和先进性，如华为、腾讯、阿里巴巴、万达、谷歌、丰田等公司都有工作法的专辑专著，其中万达集团企业文化中心编写的《万达工作法》曾经影响颇大，出版专著时公开发布同名微信电子书，阅读量高达400万人次。

回到执行力这个话题上，执行力是做出来的，执行力也是设计出来的，是靠科学的工作法建模而来的。比如，清单思维、台账思维、复盘工作法、OKR工作法，都是比较靠谱的工作法，能够对提升执行力起到良好作用。

3. 重视信息化

党的十六大提出了"以信息化带动工业化，以工业化促进信息化"的口号，党的十七大首次提出了"信息化与工业化融合发展"以及"工业化、信息化、城镇化、市场化、国际化并举"的崭新命题。当前的工业数字化转型，开始与5G、云计算、大数据、人工智能、区块链等新一代信息技术深度融合。有目共睹的是，信息化技术在新冠肺炎疫情研判、创新诊疗模式、提升服务效率等方面发挥了巨大的支撑作用。

从企业管理层面出发，"管理制度化，制度流程化，流程信息化"的经典逻辑依然奏效，并且"管理信息化"已经全面深入并强化。一个标准的高新技术企业，日常办公少不了OA系统，营销管理少不了CRM系统，业务运作少不了ERP系统，研发管理少不了PLM系统等。

在万达，管理信息化系统被称为万达执行力的"护城河"，日常都是通过信息系统按节点考核项目工作进度，如果工作按计划节点正常运行，系统亮绿灯；如果哪项工作没有按节点完成，系统亮黄灯；黄灯亮一周工作量还没补上，黄灯变红灯，亮红灯就要受到处罚。

毋庸置疑，信息化已经成为企业经营的战略优势能力要素，是项目高效运行、高效执行的关键基础。

第4节 ┃ 企业文化的同化共识

发于心，出于形，得于体，是企业文化三术修炼的概念范式，是企业文化"内化于心，外化于行"的演变逻辑。所以，对企业文化的终极认知，不是朗朗上口的口号，不是美轮美奂的形象，而是全体员工的工作信条和行为准则。

对一个企业来说，群体自然形成文化，但优秀的企业文化，必然可以过滤和改变与组织理念相悖的行为，必然可以形成被绝大多数成员接受的观念。团结一心，志同道合，上下同欲，这就是企业文化的同化共识意义。

同化和共识，不是强制和压迫，不是做作和敷衍，而是通过积极的关系，稳定的规范，有效的学习和持续的强化，实现组织成员意志的同频共振。

1.积极的关系

企业越大，人际关系就越为复杂。从某种程度上讲，决定职场成败的是人际关系，影响企业文化的也是人际关系。积极的人际关系，会让员工感到情绪高涨，容易化解人际冲突，迅速恢复组织正能量。

从人际交往到全面的组织交互，积极的关系总会给大家带来信任、友善、愉快的感受和体验，促进员工积极行动、学习和为他人服务的意愿，有利于组织绩效的实现和提升。相反，消极的关系，带来的是人与人之间的猜忌、阻抗、愤怒、冲突，从而让人感受到身心疲惫、意志麻木、筋疲力尽，要么发生较高的人员流动，要么产生较低的组织绩效。

积极关系的意义不同寻常，优秀的组织往往有一种共同的假设：我们是一个了不起的公司，我们的团队都非常厉害，我们彼此欣赏，我们共同为一个伟大的事业目标而努力！

2.稳定的规范

越是积极的关系，越容易建立规范并形成共识。反过来说，有一种关系黑洞普遍存在，长期影响甚至破坏着企业文化和组织行为，那就是"不稳定的规范"。

第一种情况，制度建设不成体系。公司没有制度建设的归口管理部门或专职岗位，制度凌乱缺失，多年来未形成结构化的制度体系，或者制度建设流于形式，难以落地执行，这样的企业管理是不能支撑持续经营的。没有制度体系结构，就没有科学管理框架，就没有稳定的规范，就难以形成企业文化同化共识。

第二种情况，优良习惯不得传承。有的公司朝令夕改，让员工对管理作风难以适从，最终怨声载道；有些公司"新官上任三把火"，却把老习惯烧掉了，把好习惯烧坏了，从而恶性循环，岂能形成同化共识？

第三种情况，知识管理不成标准。说到底，不论是制度建设，还是知识管理，最终都要形成结构化和标准化，尤其是标准化。标准化的动作容易重复，标准化的管理便于传承，非常利于企业文化的同化共识。

3.学习和强化

对大多数人来说，学习是为了获得一组独特的潜能，或是一种知识，或是一种技能，或是一种行为。

猴子定律告诉我们，群体行为形成的基本规律是，在学习中强化，在强化中学习。

2018年1月17日，华为公司的一则问责通报显示，任正非自罚100万元，各轮值CEO也未能幸免。任正非这样的行为举措，也是对管理队伍的一种教育，对员工行为的一种强化。

陈春花老师曾经提到，企业文化的核心功能是与员工达成共识。如果组织成员自身的信念、价值观及所信奉的假设是一致的，企业文化的作用就能够得到强化。通过共同事物、共同语言、共同举止、共同感觉，从文化理念到行为习惯，最终实现企业文化的同化共识。

第5节 | 企业文化的抑恶扬善

如今的组织管理，有了更为丰富的时代背景和社会气质，管理对象和管理手段都发生了较大变化。组织管理必须让群体行为形成共识，个体更加优秀，组织更具活力，管理手段更加人性，管理结果和影响更加社会化，并形成正向能量，彰显企业担当。

一辆汽车换了轮胎，需要通过四轮定位保障正常行驶；一台设备置入新的产品线，需要重置参数进行调试后才能正常使用；一个新员工加入了企业，需要通过制度文化的培训学习等活动才能快速了解企业、融入企业，发挥应有的岗位价值。上述以公司的行为规范、制度标准为行为参数，对员工行为进行引导、校准的情形，都可理解为显性的行为标定。

相对地，有一种比较隐性的行为标定，甚至是企业文化的深度意义，就是企业文化要起到抑恶扬善的作用。企业文化的真善美，企业文化的教化，善字当先，组织个体和群体，必须保持良知和善念。

"无善无恶心之体，有善有恶意之动，知善知恶是良知，为善去恶是格物"，我们认为的善恶均在一念之间。人性之中，一半是天使，一半是恶魔。从下面的一些企业实例中，我们可以去体会其中的善和恶，品味其中的企业文化。

1.顺丰的"霸气"

2016年4月，顺丰快递小哥"被扇耳光"的视频在网络上曝光，引发社会热议。当日，顺丰集团官方自媒体表示："我们已经找到这个快递员，会照顾好这个孩子，请大家放心。"随后，顺丰总裁王卫则在朋友圈表态："如果这事不追究到底，我不再配做顺丰总裁。"最终，打人的车主被行政拘留，而在几年后的顺丰控股重组更名上市仪式上，这名快递小哥成为上台嘉宾。

这名快递小哥的委屈是不幸的，可顺丰的"霸气"给了他无比的温暖，在通过法律手段惩治行恶者的同时，用一种"霸气"撑起了社会正义，稳住了企业人心。

2. 方太的儒道

方太是一家使命、愿景驱动的公司，他们的一线员工学习《弟子规》，中高层干部学习《论语》《大学》《中庸》《阳明心学》。方太集团还在工业园里修建孔子学堂，大力推广儒道文化，尽心尽力地用儒家思想去推动企业发展。实际上，方太集团是将中华优秀传统文化作为一种顶层设计，并将这种企业文化战略贯彻到企业管理的各个层面，通过几十年的时间，让全体员工吸收中华优秀传统文化，把仁爱之心贯穿于研发、制造、销售及售后服务的每一个环节，打造独特的方太企业文化特色，彰显了"人品、企品、产品"三品合一的独特价值观。

3. 华为的高调反腐

华为的"誓师大会"和"EMT自律宣言"经常被奉为学习案例，这种现象表明，华为反腐一直处于高压状态，也常有"高调反腐事件"公布于众。

华为认为，商业腐败行为影响市场公平竞争，对社会、经济及企业的自身发展都有着十分恶劣的影响，因此对腐败行为持"零容忍"态度。任正非也强调："公司最大的风险来自内部，必须保持干部队伍的廉洁自律，我们一定要维持生存，维持生存的根本就是不能腐败！"

4. 互联网公司的阳光诚信联盟

2017年2月，腾讯、百度、京东、美团等14家企业成立了"阳光诚信联盟"，现成员单位超过200家，员工规模超百万人。在这些企业发生过腐败事件的员工，都会被列入黑名单，联合拒绝录用。联盟还努力建立反腐败、反欺诈、打击假冒伪劣产品的交流平台，集联盟力量打击各种欺诈行为及黑色产业链，建立品牌保护合作机制，维护正常商业秩序。

当然，民间的一些声音是"该组织应该取消"，认为惩罚力度和影响过大，但越来越多的企业纷纷加入联盟，背后的社会现象和诚信问题令人深思。

5.腾讯的"科技向善"

不作恶（Don't be evil），是谷歌广为人知的企业座右铭及文化口号。2018年1月，腾讯研究院正式启动Tech for Social Good（科技向善）项目。2019年5月，腾讯公司提出了"科技向善"的企业愿景。

笔者想，会有越来越多的企业崇尚"科技向善"，因为对企业来讲，无论是做一家伟大的公司，还是做一家受人尊敬的公司，不能仅靠业务规模、用户数据来自我标榜，如何利用科技的力量让人们的生活质量变得更好，才真正具有企业使命的社会意义。

稻盛和夫先生曾说，他从中国传统文化中学到最核心的一条就是"致良知"，就是达致良知，按良知办事，遵循良知判断事物，将良知付诸实行，这是至今其所有事业成功的最大原因。

诚然，管理者最终面对的是人，更是人性。企业文化起源于人，企业文化更要作用于人，企业文化理应成为引导和塑造员工行为的有力工具。企业文化的抑恶扬善，在积极促进企业经营管理的同时，能够带动社会风气向上向好，为社会经济发展创造有利条件。

本章小结

企业的发展史，本质就是一部组织（文化）与人（领导）的变革史。

无论领导力、沟通力，还是执行力，都不可割裂对待。作为领导者，愿景、领导力的意义更为重大，当然，使命的驱动和价值观的约束，也不可偏废。作为领导者或管理者，必须思考如何去点燃80%以上员工的激情，从而实现"使命必达，步调一致，同化共识，上下同欲"的组织管理意义。

同时，不以善小而不为，不以恶小而为之。做企业，不能不分善恶；谈文化，也不能不谈善恶。当然，我们也不要想当然地去实施文化变革，不要为了文化而文化，要把精力集中于解决公司业务挑战，当遇到清晰、明确的发展问题时，才必须考虑企业文化变革，为了企业而文化。

发于心，出于形，得于体，这就是企业文化的上乘功夫修炼。

PART 4

第4篇

利器——企业文化的穿透力

工欲善其事，必先利其器。在战争中，硬武器可摧毁目标，软武器则不战而屈人之兵。如果把企业文化当作管理工具，本身可理解为一种"软武器"，而在企业文化建设实践过程中，它又包括了企业刊物、文化活动、自媒体等"硬武器"。

善器者，善工利器。全周期的文化活动，更具时空感；多场景的行动创意，更具仪式感；跨门类的文化档案，更具历史感。从单点到层面，从时间到空间，从普通到经典，都可以让企业文化的"软武器"和"硬武器"相辅相成，使企业文化活力变得更加丰沛。

从善器到利器，企业文化的穿透力，就这样实现了。

第11章

企业文化的时空化

导语

时空可归纳为两个简单的方向：纵向与横向。就像数学中的横轴与纵轴，横轴为时间线，纵轴则是空间线，时空承载了人生全部要素。时空之所以有巨大的体验影响，是因为时空包容了我们的工作和生活。

人情靠走动，文化靠活动。现实中，唯有文化活动最具体验感、时空感、仪式感。这是因为，无论是游戏体验类活动、学习认知类活动，还是劳动创造类活动，都契合了人类生命周期。同时，企业文化活动决定了我们对时间和空间的感受和体验，影响了我们对日积月累的工作、长期相伴的组织所形成的企业文化认知。

一般而言，人们对时间的感受和体验最为核心，下文将重点从时间维度去体会企业文化的时空化。

第1节 ｜ 日常企业文化活动

　　企业活动的导向主要有三种状态：游戏体验、学习认知、劳动创造。这是因为，在人类生命周期中，不同时期对应不同的活动状态。比如，幼童期的主要活动状态是游戏和体验，青少年期的主要活动状态是学习和认知，成年职业期的主要活动状态是劳动和创造。

　　总而言之，企业活动始终不会脱离人类生命周期中的三种活动状态。日常的企业文化活动，既可以结合时空的不同（工作时空、生活时空），又可以结合人类生命周期的不同状态（游戏体验、学习认知、劳动创造），通过文化活动丰富日常的时空感受（见表11-1）。

表 11-1　日常企业文化活动类别

活动类别	工作时空的企业文化活动	生活时空的企业文化活动
游戏体验类	歌唱比赛、拔河比赛、球类比赛、棋类比赛、综合运动会、趣味运动会、拓展训练、企业宣传片拍摄等	旅游活动、亲子夏令营、微电影拍摄、抖音短视频大赛、家庭日派对等
学习认知类	新员工训练营、技能大比武、企业文化知识竞赛、读书活动、拜师活动、参观学习活动、企业开放日活动、每天一条正能量等	茶艺培训、花艺培训、烘焙知识培训、急救知识培训、主题观影活动等
劳动创造类	大扫除、工间操、6S 活动、消防演练、主题征文活动、手工活动等	登山比赛、骑行活动、徒步赛、戈壁越野赛、马拉松比赛、植树活动、烧烤活动、农庄采摘活动、每天一万步活动等

第2节 Ｉ **月度企业文化活动**

上弦月，下弦月，月缺月圆又一月。

月度是我们工作和生活的重要时间计量单位，承载着年度任务的阶段目标，隐含着日积月累的追求和梦想。按照月度周期，可以实施丰富的企业文化活动，增强大家的时空体验，下面是常见的月度企业文化活动形式：

- 月度员工生日会；
- 月度员工转正述职会；
- 月度新员工座谈会；
- 月度员工家访；
- 成本文化月；
- 质量文化月；
- 诚信文化月；
- 创新文化月；
- 学雷锋月；
- 敬老爱老月；
- 党员活动月；
- 企业安全生产月；
- 月度企业接待日；
- 月度家庭体验日；
- 月度工地开放日；
- 月度工作复盘会；
- 月度民主生活会；
- 月度销售之星评选活动；
- 月度服务之星评选活动；
- 每天一万步，每月一本书。

第3节 | 季节性企业文化活动

春生、夏长、秋收、冬藏，是农业生产的自然规律，也是人们健康养生的境界格言，是中华民族传统的时节文化。

"逢春不游乐，但恐是痴人""小荷才露尖尖角，早有蜻蜓立上头""落霞与孤鹜齐飞，秋水共长天一色""梅须逊雪三分白，雪却输梅一段香"，句句优美的诗文，关乎一年四季，拨动了多少文人骚客的心弦，引发了人们对美好生活的无限向往。

四季更迭，体验不断，让员工有丰富的四季感受，是一种充满大自然魅力的团队建设手段。以下是常见的具有季节性特色的企业文化活动类别（见表11–2）。

表 11–2　季节性企业文化活动类别

春季	夏季
健康养生讲座、春游活动、骑行活动、徒步活动、摄影比赛、风筝节、采茶节、赏花活动、植树公益活动等	企业亲子夏令营、企业啤酒节、世界杯活动、水果采摘节、漂流活动、钓鱼活动、慰问送清凉公益活动等
秋季	**冬季**
秋季运动会、秋季登山会、赏红叶活动、乒乓球赛、羽毛球赛、五公里慢跑、郊游活动等	冬季长跑活动、冬季游泳比赛、滑雪运动、温泉派对活动、篝火晚会、送温暖公益活动等

第4节 丨 年度企业文化活动

年度盛事，年度盛典，年度盛宴……

我们总在感慨，一年又一年。

年的文化，年的情怀，年的活动，年的精彩，是春夏秋冬的结晶，是日积月累的美好。俗一点说，年度活动是大家一年的盼头。

无论如何，一定要策划出热烈的年度企业文化活动，强化一年来整体的时空体验，让员工感觉到光阴可爱，不虚此年！下面是常见的年度企业文化活动形式：

- 年度综艺晚会；
- 年度总结规划会；
- 年度评优选先大会；
- 年度供应商大会；
- 年度客户答谢会；
- 年终尾牙会；
- 年度运动会；
- 年度企业文化节；
- 年度改善提案评审会；
- 年度营销誓师大会；
- 年度离职员工大会；
- 年度业主大会；
- 年度邻里节；
- 年度"好声音"大赛；
- 年度演讲比赛；

- 年度优秀员工旅游活动；
- 年度服务万里行活动；
- 年末百天业绩冲刺活动；
- 年度满意度调查活动；
- 年度公益慰问活动。

第5节 丨 节日企业文化活动

在绵延不断的时间流动中，人们设立了一个个节点，这些节点就叫节日。节日往往是为了纪念某一重要历史人物，或纪念某一重要历史事件，或是庆祝某一时节的到来等。节日文化是一种历史文化，更是一种民族风俗和习惯。

近年来，特别是中国传统节日文化，越来越受国家的推崇和民众的重视。可以说，团圆的亲情、浪漫的爱情、狂欢的喜悦、深沉的追思……中国人的各种情感都融入了传统节日里。

企业文化活动与节日文化的充分融合，实现了人生时空和心灵情感的同频共振。可以说，丰富多样的节日文化活动成了一种趋势和时尚，成了员工喜闻乐见的企业文化体验。常见的节日企业文化活动类别见下表（表11-3）。

表 11-3 节日企业文化活动类别

节日名称	可实施的企业文化活动
元旦	新年登山祈福活动等
腊八	食堂免费供应腊八粥等
小年	发麻糖、部门聚餐等
除夕	晒幸福、晒团圆、线上发红包等
春节	线上拜年、新年主题摄影活动等
元宵节	包汤圆、猜灯谜、组织看灯展等
情人节	发玫瑰花、提前一小时下班、组织联谊活动等
学雷锋纪念日	党员学雷锋活动、组织志愿者活动等
三八妇女节	发女神福利大礼包、放假半天等
植树节	线下植树造林活动、线上蚂蚁森林活动等
国际消费者权益日	举办企业诚信日活动等
世界地球日	关灯一小时活动等

续表

节日名称	可实施的企业文化活动
世界读书日	读书活动、征文比赛等
世界自闭症日	慰问自闭症儿童活动等
五一劳动节	优秀员工旅游活动等
青年节	歌唱比赛、演讲比赛等
母亲节	发放母亲节福利、给母亲打电话活动等
全国助残日	慰问残疾人活动等
六一儿童节	六一宝宝秀、亲子抖音赛、亲子夏令营等
端午节	包粽子、赛龙舟、诗朗诵比赛等
父亲节	发放父亲节福利、给父亲打电话活动等
世界献血者日	组织无偿献血活动等
七一建党节	红歌会、红色之旅活动等
八一建军节	慰问子弟兵活动等
七夕节	发玫瑰花、提前一小时下班、组织联谊活动等
全民健身日	球类比赛、徒步活动等
抗战胜利纪念日	瞻仰英雄人物、默哀活动等
教师节	内部导师聘任活动、慰问希望小学等
九一八事变纪念日	参观博物馆、默哀等
世界无车日	员工绿色出行倡议活动等
中秋节	发中秋福利、主题摄影活动等
国庆节	爱国主义教育、知行合一活动等
重阳节	登山活动、慰问员工家属活动等
消防宣传日	消防演练、慰问消防官兵活动等
冬至	包饺子、吃饺子活动等
毛泽东诞辰纪念日	学习《毛泽东文选》、举行毛泽东诗词比赛等

本章小结

　　员工就职于一个企业，置身于组织的空间之中，消耗于人生的时光之中，其感受和体验本身就附加了时空属性。

　　时间是场景，空间也是场景，所谓企业文化的时空化，正是企业文化塑造的自然场景。对文化来讲，越是民族的，越是世界的，越是自然的，越是极致的，企业文化亦如此。

　　人生是一个结果，也是一个过程；工作是一种体验，也是一种感受。组织与员工的共生发展，日积月累，年复一年，生生不息。

　　企业文化的时空化演绎，让企业活动真实生动，让人文关怀显而易见，让美好体验丰富多彩，让工作愉悦不可抗拒。

第12章

企业文化的仪式化

导语

我们如何感知企业文化？除了对企业形象、企业福利、企业活动的感受认知，还有一个重要的感知层面就是仪式感。

什么是仪式感？就是在特定的时间或空间，一件事被赋予不同的重视程度，产生了特殊的影响和意义，给人留下了深刻印象。简言之，仪式感让行为和事件变得更具意义。

在企业日常的经营管理中，可以从工作、会议、培训、作业、庆典等不同场景出发，赋予不同程度或形式的仪式感，这就是企业文化的仪式化。

第 1 节 ｜ 工作场景仪式化

泛泛地讲，无工作，不场景。我们每天的工作状态，也是由一个个工作场景催生的。

沙因教授指出，如果缺乏富有表现力的事件，任何企业文化都会消亡。

如何让工作场景更加仪式化呢？可围绕员工群体，在员工的入、离、转、调、退等层面，紧抓关键环节，把握关键要点，让管理变得可视化、事件化、仪式化。常见的工作场景仪式化类别如下表所列（表 12-1）。

表 12-1　工作场景仪式化类别

工作场景	可实施的仪式化类别
日常上班	晨夕会仪式、周一升国旗仪式等
员工入职	新员工入职迎接仪式、导师见面仪式、入职周年纪念仪式等
员工转正	转正述职会、转正仪式、劳动合同续签仪式等
员工晋升	竞聘仪式、聘任仪式、履新仪式等
员工离职退休	离职欢送会、员工退休仪式、返聘仪式等
员工帮扶	困难职工慰问仪式、捐赠仪式、爱心基金成立仪式等
员工奖励	荣誉证书颁发仪式、积分礼品兑现发放仪式、交车仪式、专属停车位配发仪式等
职务聘任	管理干部集体亮相仪式、内部讲师聘任仪式、内部导师聘任仪式、安全员聘任仪式、企业文化官聘任仪式、内部形象大使聘任仪式等
活动纪念	开幕式、闭幕式、启动仪式、发布仪式等
员工沟通	内部论坛开通仪式、总经理信箱开通仪式、主题订阅号开通仪式、内刊发布仪式等
环境改善	企业文化墙启用仪式、母婴间开放仪式、内部幼儿园开园仪式等
组织监督	监察审计部成立仪式、纪律委员会成立仪式、阳光诚信联盟挂牌仪式等
产学合作	项目合作启动仪式、专项奖学金发放仪式等

第2节 | 会议场景仪式化

我们在前文提到过执行力文化和会议文化，可以说，低效率的会议很容易形成沉闷的沟通氛围，会让更多人思绪烦躁，事后犹豫不决，甚至回避责任，从而使企业文化混乱。

会必议，议必决，决必行，行必果。在有效的会议管理基础上，可以通过适当的会议场景仪式化，让与会人员更富有代入感、责任感，打造高效的执行力文化和会议文化。常见的会议场景仪式化类别可见下表（表12-2）。

表 12-2　会议场景仪式化类别

会议场景	可实施的仪式化类别
晨夕会	班组点名仪式、问好仪式、击掌加油仪式等
周例会	周一集体升国旗仪式、周末目标达成认可仪式等
月度总结会	月度之星发布仪式、OKR 目标承诺仪式等
季度 OKR 复盘会	OKR 目标更新发布仪式等
半年度总结述职会	企业文化宣贯拜读仪式、半年度表彰仪式、目标军令状签订仪式、营销战区授旗仪式等
年会	创意签到仪式、奏国歌仪式、干部聘任亮相仪式、优秀员工颁奖仪式、目标责任书签订仪式、廉洁自律宣誓仪式等

第3节 | 培训场景仪式化

培训活动本身就是一种赋能场景，诸如签到、PPT设计、背景音乐、开班、结业、颁证等各个环节自带仪式感。如果再结合企业文化建设，加上更高的审美要求，则可使培训场景的仪式化更为丰富，培训活动的格调也会大有提升。

常见的培训场景仪式化类别可见下表（表12-3），形式上可以互相借鉴融合。

表 12-3 培训场景仪式化类别

培训场景	可实施的仪式化类别
日常培训	签到仪式、手机静默仪式（"停机坪"、收纳筐）等
新员工培训	领导致辞开营仪式、破冰仪式、内部导师拜师仪式、师徒合同签字仪式、廉洁自律宣誓仪式、结业颁证闭营仪式等
拓展训练	开营仪式、授旗仪式、命名仪式、抽奖仪式、闭营仪式等
人才发展项目培训	开班仪式、课代表聘任仪式、结业仪式等
技能培训	拜师仪式、技能等级授勋仪式等

第4节 I 业务场景仪式化

在公司的主价值链中，如研发、生产、营销等管理过程中，会有很多与主营产品或客户服务相关的业务场景，或是与公司经营管理相关的作业活动。一般来说，只要是业务或作业活动，都可以体现仪式感，如开工仪式、开机仪式、发布仪式等。

常见的业务场景仪式化类别可见下表（表12-4），不同的行业可以因地制宜地设计实施。

表 12-4 业务场景仪式化类别

业务场景	可实施的仪式化类别
研发业务	项目立项仪式、专家聘任仪式、新产品发布仪式、案名发布仪式等
生产业务	安全生产倒计时仪式、第N个（台）产品下线仪式等
营销业务	营销中心 / 展厅开放仪式、客户成交签约仪式、产品交付（交房、交车、交方案）仪式、业绩冲刺100天启动仪式等
资产投资	奠基仪式、开工动土仪式、里程碑事件纪念仪式、竣工仪式、正式营业（运营）仪式等
运营服务	基地 / 场地挂牌揭幕仪式、服务活动开幕仪式、会员招募启动仪式等

第5节 ｜ **庆典场景仪式化**

我们普遍认为，拥有强文化的公司，会在仪式感的设计方面花费大量时间和精力，特别是为了充分发挥庆典和仪式的作用，其庆典活动场景仪式化甚至到了华丽的程度。

事实上，再小的活动都值得纪念，再小的庆典都可以充满仪式感。常见的庆典场景仪式化类别可见下表（表12-5）。

表 12-5　庆典场景仪式化类别

庆典场景	可实施的仪式化类别
开业庆典	办公乔迁仪式、开放入驻仪式、鸣炮礼花仪式等
年会庆典	走红毯仪式、战略发布仪式、评优颁奖仪式等
周年庆典	十年功勋员工授勋仪式、定制白酒封坛仪式等
公司上市庆典	敲钟 / 敲锣仪式、剪彩仪式、抽奖仪式等
企业文化主题庆典	通讯员队伍成立仪式、内刊创刊仪式、创刊周年庆典仪式、企业文化手册发布仪式、文化刊物发行仪式、企业 IP/ 吉祥物发布仪式、企业博物馆开馆仪式等
党工主题庆典	党支部成立仪式、入党宣誓仪式、工会成立仪式、职工之家揭牌仪式、庆祝建党周年仪式等

本章小结

生活需要仪式感，工作之中也有诗意。

真正的领导力高手，会想办法让工作充满仪式感。真正的好公司，在工作、会议、培训、业务作业、庆典活动等各种场合，会想办法让员工充满快乐的体验。

村上春树说："仪式是一件很重要的事情。"《小王子》里说："仪式感就是使某一天与其他日子不同，使某一个时刻与其他时刻不同。"

其实不论是何种场景，仪式感里均是价值观，是工作的态度，是情感的表达。企业文化的仪式化，就是让活动及事件有所不同，而所谓的仪式感，所谓的仪式化，不过是在日常工作模块中多走点心而已。

但要切记，不是为了文化而文化，不能为了仪式而仪式。仪式感是锦上添花，仪式化是系统工程，要的是"踏踏实实做事情，轰轰烈烈搞仪式"！

第13章

企业文化的档案化

导语

时光一去不复返，唯有记忆留心间。

有关企业发展过程中的各种印记，不限于合同文件、会计凭证、工程资料、客户信息、制度手册、培训记录、工作笔记、实物照片、电子文档等，都记录在企业档案里面，也包括企业文化档案。

档案即历史，历史即文化。清代思想家龚自珍曾说："灭人之国，必先去其史；隳人之枋，败人之纲纪，必先去其史；绝人之才，湮塞人之教，必先去其史……"由此可见，没有历史是可怕的，历史断裂即文化断裂，而没有历史的未来犹如一匹野马，任何力量都无法驾驭。

企业文化档案，意味着企业的奋斗史、发展史、文化史，通过图、文、影、像、物等档案化方式，将企业发展过程中的大事、案例、故事、人物、物品等进行记载保留，是对企业历史的最大尊重。

第1节 ┃ **企业大事记**

大事记，本是记载重要工作活动或所发生的重大事件的一种应用文体，如今已被广泛用于党政机关、企事业单位等各种组织的记录档案。

顾名思义，企业大事记，择企业大事而记，无大事则不记。每事一条，每条一记，择大事而摘其要。

企业大事记的记录原则，简单而固定，就是以时间轴为主线，把企业大事记录下来。不过现实中，企业有多种方法的融合，通过不同角度和诉求，去整理、记录、传播自己的大事，诸如下列常见方法。

1.战略事件法

企业可以通过对具有战略意义的重大事件进行记录和宣布，以展示企业的组织动态、战略方向、技术领先性等情况。

例如：

2011年7月，美的集团召开年度工作会议，下发《关于加快推动集团战略转型的决定》，推动以"产品领先，效率驱动，全球经营"为三大主轴的全面战略转型。

2011年，华为整合成立了"2012实验室"。

2015年6月6日，建业集团正式开启新蓝海战略转型。

2017年1月，微软前全球执行副总裁陆奇加盟百度，出任百度集团总裁兼首席运营官。

2019年9月，阿里巴巴集团六个核心价值观于集团成立20周年之际全面升级为"新六脉神剑"。

2019年11月，腾讯公司发布全新企业使命与愿景"用户为本，科技向善"。

2019年12月18日，按照既定计划，联想集团创始人柳传志卸任联想控股公司董事长及执行董事，担任公司名誉董事长、资深顾问、董事会战略委员会成员。

2020年9月11日，华为发布鸿蒙系统2.0版本。

2021年10月29日，华为在松山湖园区举行5大"军团"组建成立大会。

2.政学研互动法

企业可以通过与政府、学校、研究机构等互动合作，说明企业的官方认可、行业领先、企业家地位等情况。

例如：

2017年3月，由国家发改委批复、百度牵头筹建的中国深度学习技术及应用国家工程实验室正式揭牌。

2018年4月，阿里巴巴集团与清华大学宣布共同成立自然交互体验联合实验室。

2018年12月，双童公司楼仲平创业故事收录进央视《四十年四十个第一》纪录片。

2019年10月，全国政协委员、百度董事长兼首席执行官李彦宏连续第三次受邀国庆现场观礼。

2021年11月27日，北京经济技术开发区管委会与小米科技签约仪式举行，随着双方签订《合作协议》，正式宣告小米汽车落户北京经济技术开发区。

3.企业荣誉展示法

企业可以通过企业、产品、企业家获得的荣誉，积极展示良好的企业实力、社会责任、雇主品牌和企业家形象。

例如：

2016年1月，格力电器通过了国家工业和信息化部的认定和复核，成为"国家级工业设计中心"。

2017年1月，国际奥委会与阿里巴巴集团达成期限直至2028年的长期合作。

2018年12月，李彦宏在庆祝改革开放40周年大会上被授予改革先锋称号，获颁改革先锋奖章。

2018年12月，海尔集团董事局主席、首席执行官张瑞敏作为注重企业管理创新的优秀企业家代表被中共中央、国务院授予"改革先锋"称号。

2019年4月，LinkedIn（领英）公布2019年中国最具吸引力雇主榜单，百度位列第二。

2021年12月8日，《中国企业家》杂志公布2021年度"25位年度影响力企业领袖"榜单，福耀集团创始人曹德旺荣获"终身成就奖"。

4. 规模实力说明法

企业可以通过营业额、用户量、知识产权情况以及市场占有率等数据或指标，客观说明企业的规模和实力。

例如：

2013年4月，格力电器发布年报显示，其成为中国首家营业收入突破千亿的家电上市企业。

2018年7月2日，联想控股宣布，已取得包括来自卢森堡金融业监管委员会和欧洲中央银行的所有所需监管及相关审批，并完成了国家发展和改革委员会的项目备案，完成收购卢森堡国际银行89.936%的股权。

2019年12月，百度人工智能专利申请量5712件，连续两年获得中国第一。

2019年，华为帮助全球35家已商用5G的运营商打造5G精品网。

2021年10月31日，吉利汽车发布"智能吉利2025"战略，计划在未来五年内投入1500亿元研发资金，推出20余款全新智能新能源产品，并将实现7纳米和5纳米的车规级芯片的量产。

5. 经营数字纪念法

企业可以运用数字的领先性或规模性，充分说明企业自身的突破点、占用率、权威性、社会责任感、业务发展速度等情况。

例如：

2017年12月，阿里巴巴集团宣布投入人民币100亿元成立脱贫基金。

2018年1月，微信和WeChat全球月活跃账户数超过10亿。

2018年12月31日，百度公司营业收入正式突破1000亿元。

2018年12月31日，华为公司全球销售收入首超千亿美元。

2020年1月24日，碧桂园捐赠1亿元设立抗击新型冠状病毒感染肺炎疫情基金。

2020年4月29日，科创板公司数量正式达到了100家。

2021年12月5日，总投资150亿元的比亚迪新能源汽车零部件产业园项目签约落地西安高新区。

6.首件大事记录法

企业可以对首件产品、首件案例等进行记录，既能记载企业历史，又能沉淀案例故事，为企业文化档案积累素材。

例如：

1980年11月，美的公司生产出第一台40厘米金属台扇。

2011年12月，全球首台高效直流变频离心机组在格力电器下线，被鉴定为"国际领先"。

2015年9月，腾讯公益联合全球知名机构发起全球首个互联网公益日。

2018年3月，阿里云于印尼的首个数据中心投入运行。

2019年10月25日，青岛第一只科创板新股"海尔生物"正式在上海证券交易所科创板上市交易。

2020年1月17日，科创板出现了首只市值突破千亿元的上市公司：中微公司。

2020年5月9日，新希望集团在四川总部启动了首届企业文化节，主题是"拥抱新希望，奋力再跨越"。

2021年12月7日，方太集团启动"方太助力共同富裕计划"并发布了第一个五年行动纲要,企业将同时在员工成长、文化传播、幸福建设、教育支持、慈善救助、社会价值六大责任领域,发起十项行动计划,向共同富裕发起探路。

可以看出,以上形式方法不拘一格,越是规模企业,越会全面整理企业大事记,并持续在官方网站(自媒体)上展示、推广,成为一种发展历史和品牌文化的见证。

第2节 | **企业文化案例集**

人们常常把案例和故事作为一种工具用于思考和教育。在企业文化建设中，总要通过具体的载体，如企业文化案例和故事，去实现企业文化的教化性。

企业文化案例集，可以通过有形的载体，用文字、图片的格式，对企业发展史上的故事、人物、企业精神进行诠释和宣扬。

当然，一本企业文化案例集或故事集，一定是需要围绕企业文化理念和文化特色，邀请中高层管理者充分参与，引导全体员工进行撰写、整理和艺术加工而来的。如此，才能更全面生动地展示企业文化内涵，实现全体员工的精神共鸣。

笔者有幸在2010年主编策划过一本上市公司的企业文化案例集，围绕企业文化意义、企业愿景、企业使命、核心价值观、企业理念、员工情怀等，通过创始人背书、高管参与、员工投稿、编委整理、专家点评，图文并茂地展示了企业成立12年来发生的案例故事，取得了良好的教化效果，下面以实际案例（目录部分）给大家展示分享。

案例智库 HW 企业文化案例集（目录）

----

1. 编者语

2. 董事长致辞：《文化引领未来》

3. 愿景篇

《自主创新，引擎企业未来》

《蓝色畅想：未来五年如何打造产品竞争力？》

《让全世界的人知道 HW》

......

4.使命篇

《创造安全、环保、健康的工作、生活环境》

《坚定信心，实现 HW 产业升级》

《高举民族传感业的大旗》

《售后服务第三次全国出行总结》

《正确地看待客户的投诉》

《创业艰难，守业更难》

《心系灾区，爱心无限》

……

5.核心价值观篇

《尽责、创新、快乐》

《重塑文化，再展宏图》

《爱上你的工作》

《同志同心，共筑创新长城》

《在尽责中释放工作的快乐》

《美，在于尽责》

《快乐工作，快乐生活》

《相亲相爱 HW 人》

……

6.理念篇

《理念指导行动》

《传承激情，续写梦想》

《浅谈公司质量管理现状》

《十年磨剑，气贯长虹》

《浅谈××项目改善的收获》

《和 HW 一起成长的感悟》

《心有多大，舞台就有多大》

……

7.情怀篇

《一吟一咏一情怀》

《闪亮的日子》

《感谢你，HW》

《创业的巨轮向大洋起航》

《我的HW情结》

《HW，温暖我的地方》

《平凡的诗意》

《在春天里出发》

……

第3节 ┃ 企业人物志

伟大出自平凡，英雄来自人民。每一个时代都应该被铭记，而时代的主角就是每一个人物。

有些企业已经消失，但有过成功的故事，企业家曾经有过非凡的影响，这样的企业和企业家值得铭记。有些企业的员工非常平凡，但有着高尚的企业精神追求，充满着社会正能量，这样的员工也值得记录。闪亮的日子，闪亮的人物，只要曾经是英雄，无论现状地位如何，他们都应该被铭记，如此才是文化的生命传承。

与企业文化案例集不同，企业人物志可以聚焦企业发展过程中的典型人物，以人叙事，以事述理，以事带人，以人明志。

从企业文化的对外教化看，可以通过企业传记、企业家传记、企业家自述、企业家专著等形式，公开出版发行著作，更大程度地实现企业文化的社会意义。比如已经发行的《联想风云》《鹰的重生》《腾讯传》《华为传》《小米传》《一往无前》等企业传记，又如《史玉柱自述》《颠覆者：周鸿祎自传》《坚守的赢家：陈灵梅传记》《野蛮生长》《行棋无悔》《海尔是海》等企业家专著。

企业类传记往往会与媒体或记者合作，通常是聚焦企业家，全面描述企业历史即企业文化。一般来讲，主要围绕以下几点进行编著：

- 企业家的成长和创业经历；
- 企业或创始人倡导的企业理念；
- 企业明星产品的诞生；
- 独特的商业模式及带来的成功；
- 企业经历的生死转折；
- 企业经历的变革风波和故事；

- 企业对时代和社会的影响和意义；
- 企业的新征程。

从企业文化的对内教化看，可以启动人物志主题项目或栏目，对企业中的典型人物进行访谈并编写，通过内外部刊物或其他媒体进行传播。一般的创作思路如下表所示（表13-1）。

表 13-1 企业人物志栏目创作思路框架

项目	建议内容	备注
栏目品牌语	①一篇人物志，读懂××人；②每一个人都是自己的主角；③小故事，大人物	××是公司简称
撰稿人	内刊编辑或通讯员	总编或总经理审核
采编方式	人物访谈—整理大纲—撰写文稿	访谈建议不少于一个小时，可以多从其他同事处进行侧面访谈求证
访谈对象	高层、中层、基层员工均可	必须论证综合素质和道德品质，要经得起时间考验
采编周期	月度或双月	日积月累可编著成册
传播方式	内刊报纸、杂志、订阅号、官网、自媒体等	外部传播时须规避敏感信息
访谈出发点	①个人履历（成长、工作等）；②典型事件（表现、过程、结论）；③人生观、价值观（呼应企业文化理念）；④家庭观（体现生活情怀）	聚焦典型事件、人物个性，呼应企业文化、社会主义核心价值观
访谈采编技巧	①大形象：经历、个性、事件，最终要体现人物的整体特质，用标签性结论概述，用价值观呼应；②小细节：人物个性，背景描述，情节冲突，都可以用最具体的细节去描述出来；③设场景：体现工作岗位相关场景；④讲故事：除了描述当下典型事件，还可引出曾经的故事，前后关联	除了文字，配图也非常关键；除了老照片，访谈场景也可以拍照配图
人物故事要素	①事件不能虚构；②在员工中有标杆意义；③和企业价值观相呼应	故事情节可做艺术性加工，打造良好的阅读体验

第4节 ┃ 企业文化纲领手册

企业文化纲领手册，是对企业文化的高度凝练，是一种精华型企业文化要义，如《华为基本法》《华为人力资源管理纲要》《以奋斗者为本》《德胜员工守则》等。企业文化纲领手册是一种企业文化精神档案。

下面给出两个实际案例，来说明企业文化纲领手册的基本框架。

案例智库　HC 企业文化白皮书（目录）

1　董事长寄语

2　总裁寄语

3　让我们了解HC

　3.1　HC简介

　3.2　HC大事记

　3.3　HC项目成果

4　HC理念识别系统

　4.1　名称及LOGO释义

　4.2　使命及释义

　4.3　愿景及释义

　4.4　核心价值观及释义

　4.5　品牌理念及释义

　4.6　经营观及释义

　4.7　人才观

　4.8　执行观

　4.9　工作观

案例智库　HW 文化法典（目录）

4　人才法则

　　4.1　领军人物核心标准

　　4.2　人才梯队

　　4.3　干部黄线

　　4.4　公司红线

5　价值创造法则

　　5.1　价值创造

　　5.2　以价值创造者为本

　　5.3　价值评价与价值分配

6　组织法则

　　6.1　"平台＋特种兵"型组织

　　6.2　战略管控

　　6.3　授权原则

　　6.4　高层决策

7　附则

第5节 丨 企业文化档案库

历史是一本书，是一页一页装订而成的。

古有结绳记事，今有档案管理。企业文化档案，是一个个人物，一个个故事，一件件物品，一份份资料，是日积月累而成的。我们提到的大事记、人物志、案例集、故事集、企业文化手册，是企业文化的"大档案"。诸如照片、物件、文件、票据、活动视频等"小档案"，也是企业文化档案的地道素材，甚至将来也可以发挥大作用。

企业文化档案化，本质是一种资源积累，也是一种机制建设。通过制度约束、对口管理、分类整理，持续实现企业文化档案库建设。下面通过某企业的《企业文化档案管理办法》案例进行分享说明。

案例智库 ×× 集团企业文化档案管理办法

1 目的和意义

1.1 全面梳理和统计 ×× 集团在经营发展过程中所发生的重大事件，记录 ×× 公司的发展成果；

1.2 为集团的企业文化传播提供必要的文字、图片、音视频等数据资料，为"千亿 ××"的发展提供足够的文化支撑；

1.3 以一部鲜明动人的 ×× 发展史和文化史，记录并激励 ×× 人前进的历程。

2 适用范围

2.1 本管理办法适用于 ×× 总部及各区域/项目公司的企业文化档案管理；

2.2 本管理办法依从于集团档案管理制度。

3 职责界定

3.1 集团人力资源管理中心统筹负责全集团的企业文化档案管理工作；

3.2 区域/项目公司人力行政部统筹负责本区域/公司的企业文化档案管理工作。

4 归档范围

4.1 集团CIS系统资料，包括企业愿景、使命、价值观等文化理念体系、VI应用手册（含LOGO源文件）、员工行为规范手册等资料；

4.2 集团经营管理过程中所发生的重大节点、战略规划、重要会议、培训团建等关键性事件的影音图文资料，如新机构成立、新战略规划、集团年会、生日会、训练营、社会公益活动等资料；

4.3 集团及各区域/项目公司所获的各项荣誉（证书、奖牌、文件）及新闻报道等文字/图片/音频/视频资料；

4.4 各区域/项目公司经营管理过程中所产生的重大节点信息，如项目拓展全周期资料，成立日、开放日、项目认筹、开盘日、交房日、生日会、团建活动、拓展训练等影音图文资料；

4.5 集团及各区域/项目公司在经营发展过程中所整理的各种经典案例故事，如××项目施工过程中，将300年国槐有效地保护起来；为了保护沙燕窝，停工多日，被中央电视台报道，被网友称为"郑州最有爱的工地"；物业公司保洁员××三万元拾金不昧的案例等；

4.6 其他具有文化属性和保存价值的老物件、老照片等。

5 归档要求

5.1 总部各中心、各区域/项目公司于每月5日之前上报上月企业文化档案，填写《企业文化档案收录提报表》（见附件），并连同提报素材一起发送至集团人力资源管理中心。

5.2 提报重要事件、照片（场景/人物/荣誉/证书/奖牌等）、视频（场景）的要求：

①选事得当、记事客观、简明清晰、信息可靠；

②记载大事发生时间要求正确，通常应写明确切的年、月、日；

③实物翻拍的照片保证亮度，其他照片保留原图格式，不得裁剪。

5.3 各类企业文化档案永久性保存，可在档案室设置专区，可购置专用电子硬盘。

6 奖罚管理

6.1 集团人力资源管理中心年底可对上报企业文化档案的单位和个人进行统计排名，对于优秀单位和个人可进行表彰；

6.2 对成立一年以下或20人以下的总部机构及区域公司，鼓励提交；对成立一年以上且20人以上的总部机构及区域公司，强制提交；

6.3 不及时上报企业文化档案的，人力资源管理中心进行提醒；连续3个月零上报的，对总部机构负责人、区域/项目公司人力行政部负责人罚款100元；连续6个月零上报的，对总部机构负责人、区域/项目公司人力行政部负责人罚款200元；连续12个月零上报的，对总部机构负责人、区域/项目公司人力行政部负责人在集团范围内通报批评，取消申报优秀部门优秀单位的评选资格。

7 本制度由集团人力资源管理中心解释和修订

8 附件：《企业文化档案收录提报表》

××集团

集团人力资源管理中心

××××年×月××日

本章小结

档案是历史的记录，企业文化档案记录着企业的发展史、奋斗史、文化史。

企业的大事，记而录之；企业的人物，立而学之；企业的标准，信而用之；企业的文化，广而告之。

或许，一件事，一个人，就会让一个新员工甚至社会大众对企业产生美好的印象；或许，一张老照片，一个老物件，就会让老同事落泪念叨，铭记半生的恩情。

品牌和文化之间，差一个好企业；传播和口碑之间，差一个好故事。企业自信，文化自信；档案强，企业也强。

企业文化的档案化，既是一种企业文化现象，也是一种特色的企业文化。

PART 5

天地是一个大宇宙，也是一个巨大的能量场；每个人是一个"小宇宙"，也有自己的能量场。个人能量场关乎内心，组织能量场则关乎企业文化。

有效地建立企业文化能量场：一要产生效能；二要形成势能。

企业文化的高效能，意味着组织环境、组织学习力、组织创新度、组织信息化机制、组织的人际关系等，形成高效的经营参数和管理变量，支撑企业战略实现。

企业文化的高势能，则意味着文化活动、人文福利、权责影响、文化传播、组织情感等内在的能量等级，能够最大化地促进企业文化生长，从而实现企业高质量持续发展。

一言以蔽之，建立企业文化能量场，是依照"为了企业而文化"的基本导向，引导企业文化建设顺势、蓄势、借势、造势，让企业文化形成高等级组织能量。

第14章

企业文化的效能

导语

效能即效率和效果，包含产出和产能两个维度，也意味着产出和产能的平衡。比如，人力资源的高效能意味着通过有效的人力资源管理措施实现人力资本产出的更大价值。

组织是个能量场，能量则以不同的形式存在。企业文化效能，体现在环境的效能、学习的效能、创新的效能、信息的效能和情感的效能等方面。通过提高企业文化效能，自然可以实现更大的经营管理价值。

组织想要在这个VUCA时代高质量生存，保持繁荣强盛、创新突破、业绩领先并进入第一梯队，必须依赖于高效能的企业文化。

第1节 ┃ 企业文化的环境效能

城市规划，追求自然环境的生态循环效能；居家装修，讲究生活环境的空间储物效能。关于企业文化效能，我们首先从企业硬件环境角度，从提升物理空间布局的环境效能入手。

1.用自然元素打开气场

有气质就有气场，最强的气质就是自然的气质。

户外的空间场地，首先要做好绿化。如果是一个工业园区，可以有四季常青的栅栏，也可以有春华秋实的苗木，可以有曲径通幽的小道，也可以有惬意驻足的林荫。有条件的企业，可以进行专业的景观设计；没条件的企业，则可以运用自然元素的创意。比如，笔者工作过的园区里，有假山、喷泉、草坪、果林，还有健身步道；户外的吸烟区设置在一个葡萄藤架底下，员工停车位则分布在竹林中，置身其中，颇有意境和风味。

室内的空间场地，首先要做好亮化。楼宇大厅要敞亮，办公走廊要明亮，生产车间要通亮。要充分运用自然光和照明灯具，让员工和客户身临其境时感到精神抖擞，充满信心。

企业规模不同，气场规模不同，但要追求"小空间，大气场"，在整洁有序的基本要求上，充分运用自然元素打开空间气场。

2.用VI标准强化气场

VI即视觉识别，在CIS（企业形象）系统中处于主导地位，是最具传播力和感染力的符号要素。VI系统通过标志、标准色、专用字体等要素，通过系统应用使受众对企业或品牌形象产生最有效、最直接的作用，实现快速识别与认知企业品牌形象的目的。

大多数的企业都有自己的 VI 系统，也形成了 VI 手册，就好比有了一份企业形象传播的标准说明书。

VI 标准重在应用，系统而丰富的 VI 应用，不仅是企业形象的表达，还可以强化企业品牌的认知，强化空间环境的气场。

企业环境里的 VI 标准应用越多，空间环境的气场就越强，下面是最常见的 VI 标准应用范围。

- 建筑物应用：如楼体颜色、空间造型、展厅展台等；
- 资产设施应用：如车辆、办公桌、门牌、门头、广告牌、旗杆等；
- 办公系统应用：如工作服、工作证、徽章、名片、文件盒、便笺、信封、纸杯、座签、手提袋、信息系统 UI、PPT 模板等；
- 礼品系统应用：如雨伞、U 盘、文创礼品、定制节日礼品等；
- 企业 IP 应用：如企业卡通形象、吉祥物等。

3.以艺术风格提升气场

环境不但要有气场，还要有气质，有风格。

近年来，社会各界对新中式、中华传统文化的接受程度越来越高，对艺术方面的修养也在提升。对企业环境来讲，一定的艺术风格非常有助于提升空间气场。

在海尔大学，门口有石狮子、石鼓、门槛等，里面有假山、石雕、回廊、扇亭、牌匾等，这些古典元素形成了古典风格。可以说，海尔大学的环境设计，再现了明清苏州古典园林风格，表达了中国古典艺术的风雅气质。

在华为松山湖基地，按照自然地型，以世界经典建筑和街区为原型，因地制宜地模仿了欧洲的牛津、温德米尔、卢森堡、布鲁日、弗里堡、勃艮第、维罗纳、巴黎、格拉纳达、博洛尼亚、海德尔堡、克伦诺夫 12 个小镇。华为作为一个国际化企业，融合上百年间世界建筑智慧和艺术韵味，将优美的生态环境和现代化工作场所相融合，营造出一个绿色园区，带来一种全新的工作方式，一种全新的工作理念。同时，在山水之间，建筑之间，为企业环境和空间形象植入了强大的艺术气场。

第2节 | 企业文化的学习效能

成功的企业，往往是学习型组织。这是因为，在VUCA时代里，过往的成功或经验不再具有通用性，唯有依赖高效的群体学习，组织才容易顺利变革，突破障碍，超越自我，实现战略愿景。

学习型组织的本质，是学习型的企业文化。越高的学习效能，越有利于赋能组织能力建设和企业文化建设，让企业文化和组织学习相互驱动，提升企业经营效能。

从战略性人力资源管理使命出发，立足OD（组织发展），聚焦业务，提升学习效能，强化学习型企业文化，是一条现实主义的管理路径。

1.打造学习型领导

打造学习型组织，首先要有学习型领导。小企业离不开学习领导，大企业离不开领导学习。领导团队往往是依靠学习创造了历史，更要依靠学习走向未来，可以说，没有学习型的领导，就无从把握方向，掌控大局，持续发力。

习近平总书记曾号召"全党来一个大学习"，掀开了全党加强学习的新篇章，激发了"学习强国"的新热潮，也赋予了学习型领导班子建设的时代内涵。

2.放大学习价值

学习的价值，在于成长，在于发展。企业应该把学习当作投资资源，把员工当作人力资本，依赖员工和组织的共同成长实现更大的发展。比如，企业可以加强学习成果与职业发展的联动，加强技能等级与工资津贴的挂钩，加大员工职称学历的补贴和奖励，让学习的价值显而易见，让员工积极学习，热爱学习，促进学习型文化建设。

3.常态化学习与个性化学习

一个热爱学习的人，无须扬鞭自奋蹄。一个学习型组织，一定会把培训学习常态化，通过各种形式实现学习工作化，工作学习化，让员工在学习中成长，在成长中学习。

但是，常态化学习是"求量变"，个性化学习是"求质变"。企业可参考大学设置的不同专业、不同的研究方向，因材施教，分类实施。比如，针对新员工的"新兵训练营"，针对应届生的"雏鹰计划""启航计划""梧桐计划"等，针对干部队伍的"领导力工作坊""凤凰计划""领袖计划"等。在房地产行业，还可针对成本总、物业总、项目总等特定人群设置各种个性化学习方案。

4.练习和复习

著名教育学家陶行知说过一句话："事怎样做就怎样学，怎样学就怎样教，教的法子要根据学的法子，学的法子要根据做的法子。"言外之意，教服务于学，学是为了做，要想法子把事情教会做好。在笔者看来，华为大学提倡的"训战结合"理念，就契合了这种教育思想。

要提高学习效能，就要事后反复练习和实战。比如，听完一节"如何学会做PPT"的培训课程，必须去设计一个PPT才可以达到学习效果。需要补充的是，练习和实战之后，还要善于总结和复习，说白了就是"复盘"思维。毕竟，时间是组织和个体最宝贵的资源，低效的学习就是浪费时间，浪费组织生命力，减少装模作样的学习，认真做好练习和复习，善莫大焉。

5.自学习组织

后疫情时代，很多企业将不复存在。但自组织理论告诉我们，一个系统自组织属性越强，其保持和产生新功能的能力也就越强。

一个企业，如果具备了"自组织"属性，就意味着其有极强的学习能力、创新能力，能够不断实现自我变革、自我发展。

一个"自学习"的组织，就意味着员工可以自动学习、自主管理、自我激励、自我发展，这将拥有一种多么强大的组织能量！这就是组织演变的必然趋势，要像生命体一样，从一个简单初级的自组织，到自学习组织，再到一个复杂高级的自组织。

当然，高效能的自学习组织系统也不是一蹴而就的，从学习型文化到学习型组织，从主体到客体，从时代到环境，从内容到形式，组织的学习系统将是一个数字化、智能化、生态化的效能系统，如下图所示（图14-1）。

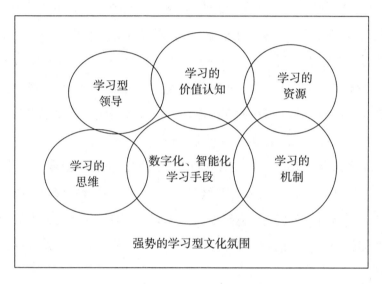

图 14-1 高效能自学习组织生态系统

第3节 ‖ **企业文化的创新效能**

思考无极限，创新无止境。

近些年，"颠覆"成了全网热搜词，成为各个行业细分领域的常态。毫无疑问，科技改变了我们的生活，也改变了我们的工作，但从根本来讲，无论是一个城市还是一个组织，创新是第一动力，人才是第一资源。从组织管理和人力资源管理角度看，被誉为"人力资源管理大师"的戴维·尤里奇曾在演讲中表示，新的竞争优势来源于组织而非战略，而VUCA时代的重要组织能力是客户响应度、全面创新、无处不敏捷、共同思维。

企业是个综合创新体，如技术创新、产品创新和管理创新。作为一名HR从业者，毫无疑问，要担负组织管理创新、人力资源管理转型和企业文化变革的重要使命，驱动企业高质量持续发展。我们不妨对历年来与人力资源管理变革有关的创新观点进行回顾（见表14-1），进一步思考未来的人力资源管理转型与创新。

表 14-1　人力资源管理转型创新观点一览表

转型创新观点	观点描述及定义	备注
HR 三角模型	①人力资源业务伙伴（HRBP）；②人力资源专家中心（HR COE）；③人力资源共享服务中心（HR SSC）	也叫 HR 三支柱模型，戴维·尤里奇于 1997 年提出
HR 四角色模型	①战略伙伴；②行政专家；③员工后盾；④变革推动者	戴维·尤里奇于 1997 年提出
HR 六角色模型	①可信任的实践者；②文化的引导者；③人才的管理者、组织设计者；④战略变革的设计者；⑤日常工作的战术家；⑥业务联盟	戴维·尤里奇于 2007 年提出

转型创新观点	观点描述及定义	备注
HR 九角色模型	①矛盾疏导者；②技术和媒体整合者；③可信赖的行动派；④文化和变革领导者；⑤薪酬福利大管家；⑥人力资本管理者；⑦合规管控者；⑧数据设计和解读者；⑨战略定位者	戴维·尤里奇于2016 年提出
HR 四大创新点	①人；②绩效与奖励；③信息与沟通；④工作与组织	戴维·尤里奇于2019 年提出
中国企业组织变革 8 大案例	①红领源点组织论；②韩都衣舍基于项目的蚂蚁军团组织；③海尔张瑞敏提出的指数型组织；④小米的生态经营与生态型组织；⑤京东的三维组织结构（以客户为中心的网络型组织、以价值契约为中心的钻石型组织、竹林生态化组织）；⑥华为基于强矩阵的蜂巢式组织、小熵组织理论、铁三角组织；⑦温氏的平台化＋农场主集中分布式组织；⑧美的提出"789"组织变革工程和"10/11/12"组织变革工程	彭剑锋老师于2018 年提出
中国企业人力资源管理变革趋势	①不断增长的人力资源外包市场；②宽带薪酬与弹性福利；③学习型组织；④灵活用工与人力资本管理；⑤从员工关系到员工体验；⑥从雇佣制到共享制；⑦生态组织与敏捷组织；⑧持续性绩效管理；⑨人力资源数字化管理与转型	近 20 年的 HR 行业共识

创新本身就是效能，创新本身也是文化。只有创新，才是企业生存的前提。彼得·德鲁克指出："不创新，就等死。"

作为一名 HR，作为一名管理者，我们要的不仅仅是转型意识，更要在组织变革和创新的道路上持续发力、行稳致远。

第4节 | 企业文化的信息效能

我们处于移动互联网时代，就是所谓的信息时代，信息时代产生信息文化，所谓的新生代文化和网络文化也不过是信息文化的表现形式。

现代科学告诉我们，物质是本源的存在，能量是运动的存在，信息是联系的存在，物质、能量、信息是存在关联的要素。那么，企业文化是什么？如果不是物质，也不是能量，那就是信息，或者既是能量又是信息。

在组织中，人与人之间的信息交换，个体与组织的信息交互，就是所谓的管理沟通机制。企业文化产生的能量场，不可避免地要依赖组织的信息效能。下面从三个方面探讨如何有效地实现和提升信息效能。

1.信息的沟通效率

我们在前面章节提到过如何营造高效沟通的企业文化，在此对沟通的意义、机制和氛围不再赘述。

就信息的沟通效率而言，注重的是如何让信息快速、准确地传递和反馈。比如，部门的横向沟通，不是通过会议才能实现，可以通过日常聚餐、团建等活动形成协同默契；又如，员工想给公司提出意见或建议，不需要通过墙上挂的意见箱了，而是通过微信接口和二维码随时提报；再如，服务客户也不是通过电话或传真才能实现了，而是通过建立的"VIP客户专享服务微信群"实现7×24小时互动。

总而言之，无论是横向沟通还是纵向沟通，无论是内部沟通还是外部沟通，效果第一，效率第一，确保高效地解决问题或创造价值。

2.信息的管理机制

企业文化创新与信息管理之间也有着天然的联系，如人性、知识、创新等。从整体概念来说，信息管理是对信息资源和信息活动的统称，下面探讨几种传统的信息管理模式，思考什么样的信息管理机制才是高效的。

- 信息独裁：在这种模式下，组织的沟通是分层次、受管控的，员工管理也多是单向、被动的，整个组织的沟通氛围就会比较差，有点像"一言堂"，是独裁式的企业文化。
- 信息无政府：这种模式是另一个极端，信息分布于底层或者各个部门，却无法变成组织决策要素。举个极端的例子，公司的重要客户信息、技术文件都被个别部门和人员掌控，却并没有共享给公司。这种情况下的组织管理是混乱的，管理层是不作为的，必须尽快变革。
- 信息民主：这是一种比较高级的信息管理模式，既能拆掉部门墙和防护网，让员工充分共享企业战略和文化信息，又能进行合理有效的信息管控，让组织行为变得更加敏捷高效。华为提出的"让听得见炮声的人呼唤炮火"，就是对一线人员的信息民主管理机制。
- 信息大使：移动互联网时代的企业，往往会在信息民主的基础上建立信息大使的机制，如通过电子商务手段，为更多的客户提供产品和技术信息，提供专业服务。可以说，信息意味着价值，信息大使的管理机制给企业和社会带来更大的服务价值。新冠肺炎疫情期间，一个集成了个人大数据的"健康码"，就成了个人在全国的"通行证"，充当了"信息大使"角色，体现了极大的信息效能。

3.信息化的组织能力

从小处说，信息是一种管理权力，如管理者就比员工拥有更多的信息。从大处说，信息化是一种组织能力，能够通过信息化对企业进行全景式数字赋能，如国家在深入推进的"两化融合"，就是在打造一种创新的管理维度。通过打造企业信息化的战略优势和能力，全面实现管理模式的革新，创造出更大的战略优势和组织绩效。

总之，更高级的信息效能，意味着更强的组织信息的新陈代谢能力，是企业文化建设的新动能。

第5节 Ⅰ 企业文化的情感效能

情感是一种来自内心的特殊能量，从个人到组织，都离不开情感的表达和体验。

组织情感是指组织成员对组织态度的体验，一般表现为好恶、爱憎及由此产生的亲疏感、信疑感等。组织情感形成的企业文化效果，可理解为企业文化的情感效能。

情感效能具有非理性意义，是日积月累的经验与感受的堆积，它和环境感受、学习氛围、创新体验、信息管控有关，也和组织的关怀体验有关。

管理难，难在管人；管人难，难在管心。和睦和谐的人际关系，有助于激发内心积极的情感能量。优秀的企业则善于通过情感效能的提升，促进经营管理的进步。说到底，就像方太集团的人文管理导向一样，从"人本管理"到"心本管理"，以"人"为本，更以"心"为本，充分发挥"心灵"能量，成就员工的价值和幸福。

下面我们可以进一步通过方太集团的案例，说明企业文化的情感效能提升方法。

方太集团有一个成功方程式，就是"成功＝能量×奋斗×能力"。自2018年起，"方太大学""方太文化研究院"等机构陆续推出了"方太文化体验营""方太文化修炼营""家业长青班"等项目，大力示范方太的企业文化体系。其中值得关注的是，方太推出了"五个一修身计划"，即立一个志、读一本经、改一个过、行一次孝、日行一善，还提出了"能量提升十字心法"，详见下述案例。

案例智库　方太集团"能量提升十字心法"

1.恩：就是感恩，就是连接。对父母的感恩，表现为孝；对国家的感恩，表现为忠；对天地的感恩，表现为敬畏；对其他一切的感恩，表现为爱。只有这样，我们才能真正地连接，然后从万事万物中接收巨大的能量。

2.志：就是立志，就是发愿。利他为善，即我们的志越利他，能量就越大。

3.明：就是致知，明善恶，明本末，明先后，明始终；如果我们能真正地明善恶、明天理，那我们的正能量就大了。

4.诚：就是毋自欺、慎独、择善固执，我明白了还要做到，"诚"就是要做到。

5.信：内涵比较丰富，有四个词含义比较接近，正信、守信、信心、信任。

6.和：家和万事兴，和为贵，和而不同。任何一个团队如果可以做到和而不同，就是一个优秀的团队。

7.省：就是反省、忏悔，知错就改也是很难做到的。

8.健：就是健康。

9.修：修行其实有很多方法。学习是在修行，行孝是在修行，改过是在修行，积善是在修行，工作也是在修行。

10.行：也就是努力努力再努力，前面九个方面，都要通过不断努力，才能达到更好的效果。明白了就要去做，这就是知行合一。

本章小结

企业文化建设是一条管理路径，应该追求卓有成效。

企业文化的表现形式虽然多元，但其内容本质则聚焦于人，服务于经营管理。企业文化的高效能，目的就是运用高效正能量鼓舞组织成员，激活团队，让个体愉悦、积极，并获得持续共赢。

环境效能，让企业形象出众，让员工愉悦高效；学习效能，让员工成长，让组织发展；创新效能，让企业守正出奇，基业长青；信息效能，让企业优势融合，战略领先；情感效能，让企业互信互赖，上下同欲。

一种充满积极能量的企业文化，一个充满企业文化能量的组织，必定卓尔不凡。

第15章

企业文化的势能

导语

物理学对势能的定义是，储存于一个系统内的能量，可以释放或者转化为其他形式的能量。我们经常提起的"高势能"概念，意味着较强的影响力、渗透率、潜能量等内涵。

《孙子兵法·势篇》中对"势"的描述颇多，如"激水之疾，至于漂石者，势也"，又如"木石之性，安则静，危则动，方则止，圆则行。故善战人之势，如转圆石于千仞之山者，势也"。

"势科学"与"信息人理论"创始人李德昌教授则认为，势的逻辑定义是：势=差别÷距离=差别×联系。

总之，世界是个能量场，势能无处不在。山有山势，水有水势。时代有趋势，产业有趋势，企业有发展的态势。企业文化的势能支点，包括抽象的领导势、沟通势、制度势、流程势、品牌势，也包括具体的活动势、福利势、权力势、传播势、情感势……

第1节 ┃ **企业文化的活动势**

人情靠走动，文化靠活动。我们在前面章节充分描述了如何做好日常企业文化活动、月度企业文化活动、季节性企业文化活动、年度企业文化活动、节日企业文化活动等。那么，如何同时营造较高的企业文化活动势能呢？下面将对"活动势"的增强思路进行列举。

1.刻意效应

活动类型越丰富，员工感受越深入，活动势能越强大。有的企业将续签劳动合同也搞成专场活动，虽然显得刻意，但也让参与的老员工印象深刻。

2.规模效应

同样的活动，规模越大，印象越深，活动势能越高。比如，篮球赛可以考虑男子组、女子组、青年组、领导组，增强团队的凝聚力；又如，十个分公司搞十场小年会，不如一个集团搞一场大年会，既上规模，又显团结。

3.互动效应

活动不仅要让更多的员工参与，还要充分互动，连接情感。比如，搞线上直播，发放伴手礼、纪念品或抽奖，都可有效增强归属感和激励性。有的活动还可以邀请员工家属参与，更加体现人情的互动性，增强活动势能。

4.创意感

不怕活动没兴趣，就怕活动没创意。有创意、有趣味的活动，能激发员工的热情和参与感，大大提高活动的势能。比如，跑步活动可以是"荧光跑""彩虹跑"，运动会可以是"趣味运动会""亲子运动会"，拓展活动可以是"登山寻宝"，学习活动可以是"升级打怪"。

5.认真感

有资金实力的企业，会运用高端场地、大牌人物、高端礼品等资源支撑活动档次。但是，活动档次并非仅靠物资支撑，三分创意，七分诚意，只要认真就足够了。即便是一般的内部活动，只要对活动策划、场地布置、活动氛围、物资准备、仪式、服务等条件充分斟酌，用高标准体现正式感和档次感，就可以提升活动势能。

6.营销感

活动的格局定位越高，势能越高。企业文化活动有几个出发点，也是势能支点：业务、品牌、情感、人。没有几个企业是为了作秀而搞活动，也没有几个老板愿意为了搞活动烧钱，因此，营销类的活动或具有营销感的活动，其势能意义最佳。比如，阿里巴巴折腾出来的"双11购物节"，就找到了强大的业务支点，策划出来的"离职员工大会"，则找到了强大的情感支点，这是一种营销活动大境界，也是一种企业文化高势能。

第2节 ┃ **企业文化的福利势**

根据专业机构调查，薪酬可观、福利诱人、企业文化出色是员工选择一家企业的头等标准。

实际也是如此，福利自带"情"与"礼"的属性，既能体现企业对员工的关爱，又能当作企业文化的特色表达。毫无疑问，通过福利可以有效打造企业与员工之间的情感纽带，促进业务发展，提升员工满意度和雇主品牌形象。

不过，成也福利，败也福利。传统的五险一金、团建旅游、节日礼品、免费午餐、培训机会、交通补贴、通信补贴、生日礼品、加班零食等，已经不足以满足员工的高级需求，员工稍有不满企业就会被吐槽。

所以，更加人性化、差异化的福利，才是"高势能"福利，才是员工心目中的"网红"和"爆品"，从下面一些企业的福利形式中可见一斑。

1.有薪假期

在员工的期望中，法定假、双休是标配，每年再给予一定天数的有薪假期，那才意味着福利。

2.午休时刻

比如，华为公司每到中午，办公楼内就会强制熄灯，要求员工拿出自己的午休床午休。

3.深夜食堂

比如，某企业为21:00—23:00加班的员工准备夜宵套餐，为深夜奋战的员工送上一份营养福利。

4.私人班车

比如，广西金嗓子集团订购近千辆新能源电动汽车，免费配置给到新厂区上班的员工，解决员工上班难的通勤问题。

5.企业末班车

比如，开通企业网约车服务，为错过末班车的员工提供免费用车福利。

6.关爱女员工

上海有家公司因为女员工比重大，特意给女员工定制厕所，里面设置有智能加热马桶、消毒湿巾、一次性拖鞋、一次性厕垫、各种型号的卫生巾等。

7.特殊身份补贴

某公司给退伍军人员工发放专项补贴，义务兵每月补助30元，初级士官每月补助50元，中级士官每月补助100元，高级士官每月补助200元，连排级军官每月补助100元，营级军官每月补助200元，团级军官每月补助300元。同时，退伍军人员工每年8月1日享受一天带薪休假。

8."五子登科"

说到底，员工的福利需求，最终绕不开票子、面子、房子、车子、孩子等问题。比如，京东曾开放10亿元的购房基金，给员工提供无息贷款。又如，金蝶公司内部推出了"五子登科"，希望让金蝶员工的位子、票子、车子、房子、妻子，一个都不能少。2017年年底，金蝶集团累计向员工授出8.2亿股股票期权；2018年年会，金蝶集团宣布拿出1000万元给员工的父母发红包；员工年终大奖，甚至有价值千万元的深圳豪宅……

不难看出，员工福利的聚焦点始终是人，是人心。

从法定福利、物资福利，到个性福利、身心福利，甚至到各种爆款福利，走心的程度不同，福利的势能等级不同，个性化与差异化不同，带来的企业文化效应也不同，如下图所示（图15-1）。

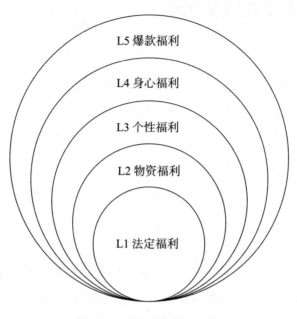

图 15-1　福利势能等级光环图

第3节 I 企业文化的权力势

权力本身自带势能，较大的权力则拥有较高的权势。

在企业里，权力是一种组织关系，也是一种组织意志。但是，我们不能否认权力存在的意义，也不能否认企业文化本身就有天然的权力势能。强文化才是真正的主文化，企业文化的顺势、借势、造势，可直接依赖权力势能。

对企业文化影响比较明显的权力势能，常见于以下场景和类型。

1.语言势

对企业文化影响最直接的，就是企业创始人的经典语录、文章、演讲等语言素材，这也是企业文化理念体系的原点。任正非的经典文章《一江春水向东流》《我的父亲母亲》《华为的红旗到底能打多久》等，曾经引起社会的学习热潮，其实里面体现的人生观、价值观，也正是华为企业文化的活力基因。

企业在整理、宣传这些语言素材的同时，也要邀请创始人、领导者、管理者，用较高的权力势和语言势，为各种培训、会议、活动背书，反衬企业文化高势能。

2.签名势

纸短情长，见字如面。如今的我们，十分怀念读书期间的书信往来，其中最有仪式感的时刻，就是在信的末尾郑重地签下自己的名字。

在企业里，最有势能的签名当然来自创始人、董事长、总经理等，因为他们意味着"最高领导者"和"一把手"。尽可能的情况下，在聘书、荣誉证书、结业证书、节日贺卡、赠书、手册等应用场景，附加亲笔签名，可大大增强权力势能，增强员工的归属感和向心力。

3.肖像势

肖像比签名更具亲近感，让人有身临其境的想象。比如，企业内刊、文化手册相关的场景照片，经常会引用企业领导人的肖像，有些企业的品牌LOGO就是创始人肖像或肖像简笔画、漫画等。适当地运用领导人肖像，也是对组织权力势能的强化。

4.制度势

我们从抗疫斗争和防汛救灾中充分感受到，中国永远以人民利益为重，为保障人民生命财产安全不惜代价，这正是社会主义优越性的重要体现。

在一个企业里，首先要实现的就是制度化管理，如同早期的"海尔十三条"和"华为基本法"等，成为企业文化体系的重要理论源头。越重视制度建设，越能体现组织意志，提升企业文化的权力势能。

5.流程势

制度管人，流程管事，高效的流程比华丽的制度更具现实意义。

说白了，所有的目标都有实现路径，其中就有最优路径，那就是最高效的流程，如同高山流水，势在必行。比如，有的公司选拔干部有一套标准流程（选拔报名、竞聘、轮岗、述职考核等），有的公司靠几个领导口头商量后拍板任命。可以想象，有考察流程的干部选拔，比随意任命的举措更加科学稳妥。

真正的流程势意义，是"不靠能人靠团队，不靠经验靠系统"，既是组织管理的标准化体现，也是企业文化权力势能的体现。

第4节 l 企业文化的传播势

企业文化的生命在于传播，所谓"念念不忘，必有回响"。

无场景，不传播，很多企业形成了自媒体传播矩阵。在《老 HRD 手把手教你做企业文化（实操版）》中，曾重点从"器"的角度，分析了企业文化的传播场景和意义。

企业文化传播从空间上理解，可分为物理空间（现实的工作生活环境）、网络空间（数字化空间）、媒体空间（传统媒体及新媒体），最终是人与人之间的默契传承（抽象的心灵空间）。

企业文化传播从载体上理解，可分为物品载体（现实的物质）、故事载体（加工整理的企业故事）、人物载体（企业相关的人物）。

企业文化传播从对象上理解，可分为理念传播、故事传播、品牌形象传播、价值观传播。

企业文化传播从形式上理解，可分为文字传播、图片传播、视频传播、言传身教式传播（人与人之间的沟通交流）。

传播是一门复杂学科。传播本身是一种动能，传播又可以转化成势能。

下面我们从"势"的角度出发，探讨如何实现更大的企业文化传播势能。

我们可以通过对传播空间、传播载体、传播对象、传播形式、传播时代技术、传播意义的对比，分析不同传播变量的势能高低（见表15-1）。

表 15-1　企业文化传播变量势能对比表

传播变量	一般势能	较高势能	更高势能
传播空间	物理空间	网络空间、媒体空间	心灵空间
传播载体	物品载体	故事载体	人物载体
传播对象	理念传播	故事传播、品牌形象传播	价值观传播

续表

传播变量	一般势能	较高势能	更高势能
传播形式	文字传播	图片传播、视频传播	言传身教式传播
传播时代技术	1G、2G	3G、4G	5G、6G
传播意义	现实化、物质化	艺术化、数字化	抽象化、人性化

第5节 ┃ 企业文化的情感势

沃顿商学院的西格尔·巴萨德教授指出，组织文化包含两个层面：一个是我们熟知的认知文化，即理性层面上共同的价值观、规范及引领组织发展的假设；另一个则是群体的情感文化，即情感层面上共同的价值观、规范及决定员工在工作中拥有、表达或压抑各种情感的假设。

情感的效能来自较高的心灵能量，情感的势能则来自较高的情感体验。所以有人说，情感是人们内心最珍贵的东西，情感是企业文化最迷人的部分。

较高的情感势能，意味着员工超预期的满足感，如领取奖金的惊讶感，收到礼物的惊喜感，受到鼓励的温暖感，受到优待的感恩感，对工作环境的幸福感，对项目参与的兴奋感等。

营造情感势能，不是形式主义，更不是虚情假意，而是发自内心地重视人际关系，通过一定差异化的表达形式，超预期地满足员工的情感体验。比如，同样是员工生日会，有的公司策划集体娱乐、切蛋糕、发礼物，如果换一种做法呢？如果让员工当天收到一份生日贺卡、鲜花、小礼物呢？如果再给员工做一个祝福小视频呢？是不是效果截然不同？

当今的VUCA时代，与信息革命和科技进步有关。但技术越进步，情感越重要，正如AI和深度学习三教父之一的杨立昆（Yann LeCun）所说："没有情感，就不可能拥有智能。"

企业文化生生不息，情感体验永恒存在，组织情感提升企业文化，企业文化也将成为组织情感。从某种角度讲，企业文化之美，正是体验之美、感受之美。企业文化的建设，也一定要围绕员工体验去探索实践。

一个充分重视组织情感的企业，就已经拥有了较高的企业文化的情感势能。

本章小结

老子在《道德经》中指出："道生之，德畜之，物形之，势成之。"

群体动力学家勒温认为，一个群体就是一个场，人的行为受到其对环境的心理感受影响。今天，当我们说起企业文化"能量场"的时候，这个"场"就和勒温所说的"场"有关。

我们提出的企业文化的效能和势能，既是科学，又是艺术，甚至是哲学。企业文化建设过程是动能，企业文化建设效果是势能，这是科学。同时，企业文化传播的手段、形式，离不开艺术性的加工。而所有企业文化体系的设计和实践路径，首先就是一种思想和哲学的体现。

建造企业文化能量场，是效能和势能的融合。

天下武功，唯快不破，守正出奇，创造高能价值，这叫效能。立足管理和业务，势在必得，势在必行，融合领导势、沟通势、制度势、流程势、品牌势、活动势、福利势、权力势、传播势、情感势，就能轻而易举地实现企业文化建设效果，这叫势能。

踏踏实实赋能，轰轰烈烈造势，为了企业而文化。

真正强大的企业文化势能，依靠的是现实中的管理机制动能。纵览本书呈现的企业文化建构思想——明道、循法、优术、利器、造势，正是一个完整强大的系统概念（后附两个实际案例，一个是点案例，另一个是面案例，以飨读者）。

案例智库　企业文化传播势能点

有些企业轰轰烈烈搞了很多企业文化宣传，却没有形成企业文化的势能，为什么？传播支点搞错了，把支点放在了老板身上，盲目作秀，胡乱洗脑。进一步说，如果不运用合适的势能杠杆，宣传和员工体验无关、和组织情感无关，自然是徒劳无功的。

支点与杠杆的逻辑，就是内容和形式的关系。如果形式不是内容的形式，那么它就没有任何价值了。想要实现企业文化势能，也需要从动能转换而来，也需要诸多势能点的组合。比如，下面一张图片（见图15-2），是一家房地产公司的一张企业文化宣传海报，就有较高的传播势能。

我们可以对这张图片的传播势能点分析如下：

- 传播支点：立足业务现场，聚焦员工工作场景；
- 传播杠杆：一张员工的随拍背影图片素材；
- 传播情感：一个汗流浃背的身躯就是公司的"脊梁"，一个勤劳奉献的员工代表着一群这样的员工，一句"我不知道你是谁，我却知道你为了谁"，意味着员工为了企业、企业为了社会的使命担当；
- 传播形式：图片、海报、主题设计日签（一念，集团人力条线出品。每天发布一张）；
- 传播空间：网络空间（微信朋友圈）、媒体空间（自媒体）；
- 企业文化势能：情感势＋图片势＋语言势＋传播势。

图 15-2　某房企企业文化宣传海报

案例智库 某企业文化经理的"集团企业文化建设"思维导图

　　企业文化既是一项复杂的工程，又是一个充满魅力的管理领域。在笔者的两部专著中，都坚守了"古今结合，中西合璧"及"古为今用，西为中用，中学为体，西学为用"的基本研学理念，更充分强调了"道、法、术、器、势"的经典东方智慧哲学结构。

　　下面是笔者看到过的一张思维导图手稿（见图15-3），来自一名百亿地产公司的企业文化经理。原味分享，以飨读者，仁者见仁，智者见智。

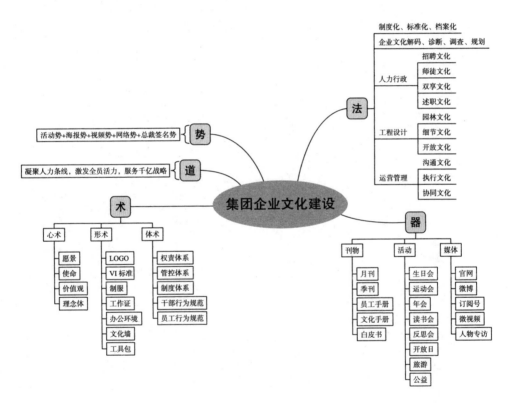

图 15-3 "集团企业文化建设"思维导图

图书在版编目 (CIP) 数据

老 HRD 手把手教你做企业文化:精进版 / 马松有著 . — 北京:中国法制出版社,2022.1

(老 HRD 手把手系列丛书)

ISBN 978-7-5216-2231-7

Ⅰ . ①老… Ⅱ . ①马… Ⅲ . ①企业文化 Ⅳ . ① F272-05

中国版本图书馆 CIP 数据核字(2021)第 208051 号

责任编辑:马春芳 封面设计:汪要军

老HRD手把手教你做企业文化:精进版

LAO HRD SHOUBASHOU JIAO NI ZUO QIYE WENHUA : JINGJINBAN

作者 / 马松有

经销 / 新华书店

印刷 / 三河市紫恒印装有限公司

开本 / 730 毫米 × 1030 毫米   16 开   印张 / 15.5 字数 / 236 千

版次 / 2022 年 1 月第 1 版   2022 年 1 月第 1 次印刷

中国法制出版社出版

书号 ISBN 978-7-5216-2231-7   定价:59.00 元

北京市西城区西便门西里甲 16 号西便门办公区

邮政编码:100053   传真:010-63141852

网址:http://www.zgfzs.com   编辑部电话:010-63141822

市场营销部电话:010-63141612   印务部电话:010-63141606

(如有印装质量问题,请与本社印务部联系。)